ひと月9000円の快適食生活

前書き　体を壊したくないあなたへ

「養生訓《ようじょうくん》」ってご存知？　福岡藩士だった貝原益軒《かいばらえきけん》先生が１７１３年に書かれた、元祖健康指南書です。どんな暮らし方をすれば健康寿命を全うできるのか？　を説いた本で、食生活についても書かれており、今日でもその精神は立派に通用致します。

とはいえ、その精神＝考え方は通用しても、食生活を取り巻く「食品」、「流通」、「調理道具」、「情報量」、「食の嗜好」などが３００年後の今日ではとんでもなく変化してしまいましたから、養生訓を実行するためのテキストがなければ、せっかくの養生訓も単なる精神論の書で終わってしまいます。３００年前にはなかった、農薬や化学物質、添加物などの含まれた食品の多い今日、どんな食べかたが「養生」になるのか？　お金をかけなければ食養生はできないのか？　良い食生活は時間をかけた手作りでないとできないのか？　不足しがちな○○を補うサプリで食養生になるのか？

３００年後の養生訓・食生活編は、これら現代の食不安に向き合う実用書の要素が必要だと思います。

こんな悩みをよく聞きます

- サラダとかではなく、ずっしりした根菜類の料理を毎日食べたい
- いわしやさばなどのお魚料理がお茶の子さいさいになりたい
- 熟年になっても、適量のお肉を、安く手軽に毎日食べられたらいいのに
- 大豆やひじき、昆布に煮干し、毎日少しずつ食べられたら……
- 白米、白砂糖、精白した食品は良くないって言うけど、どうすれば……
- 食事作り、うまくできないし、時間がないし……

まだまだ悩み事は続きますが、この本のようにやってみると「な〜んだ、これでよかったんだぁ〜」になるんですねー。鮮度ぴちぴちのいわしが包丁なしでも刺身になったり、白米が玄米以上の栄養バランスになり、伝統料理（？）と思い込んでた乾物料理がレギュラーで食卓に並ぶようになる♡　しかも段取り名人になって調理時間は今までの半分もかからなくなる。これは実際に読者さんから伺った感想なんですね。

食生活改善は半年で可能だ！

この本のもとになったのは、同じ飛鳥新社から１９９７年に発売して17万部売れた

同タイトルの本でした。当時食生活の講演会を年間50回以上しておりましたが、会場にはその本を持った方がたくさんいらしていて、皆さん「変えられるんですね～食生活って。できない……と思ってたことが、やってみると超簡単なんですもん、早くやればよかったって……」とおっしゃる。それから18年たちましたが、今日の食生活状況の方がこの本の内容にドンピシャだと感じました。あの頃「手作りなんて時間がないからネー」というヒトが多かったけど、今では「手作りしたいけどやり方が分んなくてネー」が増えてきた。そんなわけでその本をもとにして、もっと使いやすくなるように書き換えたり編集しなおしてみました。

この本で何が変わるか？

- 1か月の食費9000円で、添加物などの心配のない手作り自炊食生活が可能です
- 朝飯、昼の弁当、夕飯、3食手作りしても、かかる時間は1時間少々ですむ
- だしパックなんかじゃない、昆布、煮干し、椎茸、かつお節のだしが実に手軽で、本当はいちばん安上がりだと実感できる
- 加工食品、テイクアウト、外食が減って、おなかの具合が良くなる

- 伝統的な和食の技術を現代に活かせる料理ができる
- みそや塩辛などの発酵食品までも簡単に手作りできる

これらが実現できるテキストを１７０項目並べましたから、一日一項目を目安に一つ一つ攻略してみてくださいまし。１７０日↓約半年で一巡致しますね。攻略した技術をフルに活用すれば体の具合もお財布の具合も（？）きっと良くなるでしょう。

やってみてこそわかる「簡単じゃんっ」

食生活改善本を20年以上書き続けてきた中で、読者さんの反応は二つに大別できます。「面白かったけど自分はできそうもない。ま、いずれひまになったらやってみよーかな～って」コレ、特に男性に多かった。「できない、難しいと思ってたことがやってみたらバッカみたいにできちゃうんだもん、簡単じゃんって思いました」コレ、女性に多かった。「バッカみたい」は余計ですが、実はその通りなんです。書いてる私だってやる前は難しいだろーなーと思ってました。なにせ大正7年創業の古典料理屋に生まれましたから、潮吸い物だのフグの薄造りだのは日常的に食べてはいましたが自分で作ったことはなかったので、私ごときギター馬鹿のせがれなんぞに「できるわけがない」と。しかし怖いもの知らずの恐ろしさ、ドン・キホーテよろしくやってみたんですね。で、はじめてわかりましたの「簡単じゃんっ」って……バッカみたい。

できないっと言うな！「やったことがないだけ」と言え!!

政府のえらいさんがテレビで言ってましたな、「国民が健康で、豊かな、そんなニッポンを目指し……」そーですか、そーですかぁ、素性の知れない得体の知れない偽装食品や料理が「豊か」にあって、体を壊したらすぐに救急車がぴーぽーと駆けつけてくれる「健康」重視のニッポン……ってことでしょう。そんな豊かで健康を目指すニッポンで寝たきり長寿を伸ばすことと健康寿命を全うすること、どちらがいいのか？　選ぶのはアナタでしょ。「体に良くないことはわかってるんだけどさぁ、ついつい、面倒でさぁ、ま、そのうちに……ネ」よく聞きますが、わかってるんだけど……じゃないのよ、わかっていないんです！　わかっていれば一日にこの本の一項目ぐらい、クリアできますがな。

「でもー、お魚を下ろすの、できないんですぅ」……これ、大きな間違い。一度やってみてできなかったから「できないんですぅ」と言っている。もしくはまだやったことがないことを「できない」と言っているんですね。

まずはこの本の一項目クリアしてみよう。１４４項のマホービン大豆はどーだっ。カップ麺作るのと同じ手間で茹で大豆が作れるんですぞ！　乾物売り場で乾燥した大豆の値段を見てみっ。その安さに驚きますって。

あなたに適した食養生訓

貝原益軒先生から３００年後の養生訓は「自分で考え、手足を使って、食を賄《まかな》い、残さず食べること」ではないでしょうか？　このような食養生の実践を食品メーカーやサプリメーカーに依存する己の意識改革をしなさいっ！　と先人は言ってるような気がします。ＭＹ ＲＥＶＯＬＵＴＩＯＮって言うんでしょね。

先に挙げました6項目の「この本で何が変わる?」よーく見てくださいまし。危ない食品を避けて、安全な伝統和食を自分で、しかも短時間で作れるようになる！　ってことです。この本、気休めの食養生書ではありません。毎日の食生活に使ってくださいお台所でシミだらけにしてください。そうなった時、きっとあなたの体に適した食養生法が手に入るものと思います。それが本当の実用書だと思っております。

『ひと月9000円の快適食生活』をより快適に楽しむための

「基本素材」表

●魚柄式「基本素材」とは、A「穀物類・豆類・重量野菜」、B「果物・軽量野菜・魚介類」、C「肉類・油脂類・乳製品・卵」の三つの柱からなります。下の円錐で表したように、下にある素材ほど利用度が高く、本書で触れている項目数も多くなっています。

●それぞれの「基本素材」の内訳は円錐の右に示しました。

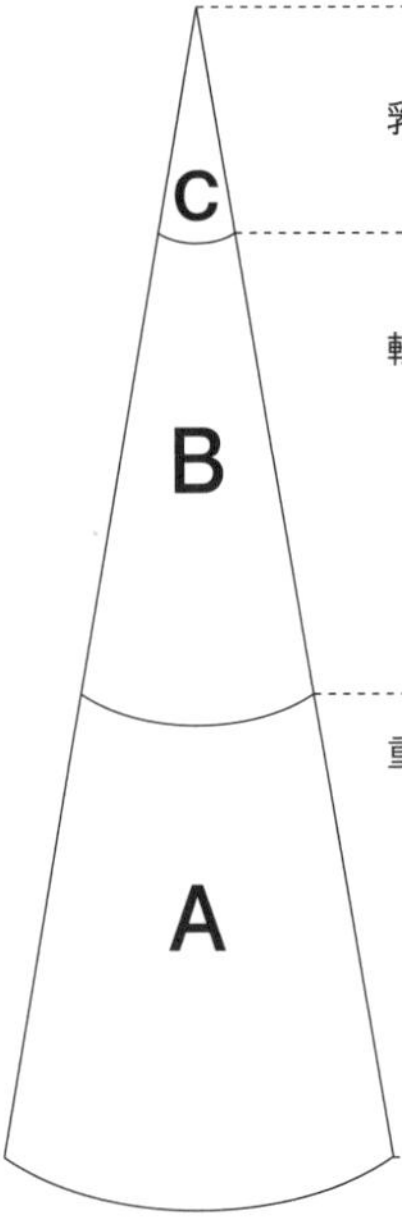

C	肉類	豚肉、鶏肉、牛肉、ハム
	乳製品・卵	牛乳、チーズ、卵
	油脂類	植物油、牛脂、豚脂、分離油脂
B	果物	ドライフルーツ、ゆずなども含む。
	軽量野菜類	白菜、ほうれん草など葉物・青物が中心。 ※いんげんなどは豆類だが日常習慣によりここに含む。
	魚介類	魚、海藻、貝など。また、乾物もここに含む。
A	重量野菜類	にんじん、里芋などの根菜、およびかぼちゃのような重い野菜。
	豆類	乾物豆類を中心に、その加工品（豆腐など）も含む。
	穀物類（種実類）	米、麦、またはパンや小麦粉、麺類などその加工品も含む。 ※ごまなど種実類もここに含む。

ひと月9000円の快適食生活　もくじ

終章　手作り和食がいちばん時短・安全　うおつか家のひと工夫　333

第1章　野菜でおなかを大切に

重量野菜類・軽量野菜類・果物

1　煮物の作り方　早く煮たけりゃ小さく切る

食生活の講演を毎月何本もしていますから、全国いろいろなところで、いろいろな人たちに出会います。その打ち合わせの段階で講演の主催者からよく頼まれるのが、煮物の簡単なやり方を話してほしいというものです。

煮物なんか簡単やないかい、こげなもんをもっと簡単にせいっちゅうのか？　と思うんですが、聞いてみると、近頃では煮物というものが手間のかかる、めんどくさい料理とされてるようでございます。

近頃の食生活指導をする人は、よく野菜を食べろと言っています。それも生野菜サラダよりは煮た根菜類を多く食べることが大切だと言っています。これは私も大賛成です。レタスやキャベツのサラダにドレッシングたっぷりっていうものよりは、にんじんやじゃが芋、かぼちゃ、大根などのずっしりとした野菜をゆでたり煮たりして、食べてほしいものだし、私自身、毎日のようにそういう煮物を食べています。旅先で外食してると、こういった重量級野菜が不足して体調が悪くなります。

では、なぜこういう根菜などの重量級野菜の煮物が、敬遠されているのか？　講演を聞きにきた人たちに聞いてみましたところ、時間がかかるというのがほとんどでした。

変な話ですが、あたしゃ時間がかからんから煮物を毎日作って食べとるんです。じゃあ、どうすれば時間がかからんのか？　ちょっと考えればわかることなんですが、時間がかかるって言ってる人の煮物、野菜の切り方がでかすぎるんです。

じゃが芋を２つに切って煮るのと４つに切るのとでは、煮える時間がえらく違います。急いで作る時でしたら、４つ切りどころか、８つくらいに切っちゃえば早く煮えるわけでしょうに。肉じゃがや、ふろふき大根みたいにでっかくないと格好がつかん料理だったら、小さく切ることはできないでしょうが。毎日の食卓に大切な栄養源として手軽に作れる煮物をということでしたら、小さく切って煮てもいいはずです。

試しに、にんじん、大根、じゃが芋、れんこん、かぼちゃなんかを２㎝くらいに切って昆布と煮干しといっしょに煮てみてください。うっすらとしょう油味で10分も煮れば十分に火が通っています。当たり前のことですが沸とうしたら弱火にしてください。野菜の煮物って超簡単です。

2　寒天寄せの作り方　残った煮汁でもう1品

煮物を作った時に残る煮汁、どうしてますか？　塩分を控えるために煮汁は飲まないようにしようと、よく栄養指導ではいわれていますが、かといって捨てちゃうってのもあんまりです。そこで、その煮汁でおからを煮ちゃう話を後の137項で紹介するんですが、そうそうおからばっかり食べるわけにもいきません。誰だってあきもきます。あきがきたら次は冬がきます。バカなこと言ってはあきまへん。あきれましたか？

今日は、この残った煮汁を寒天で固めてみましょ。

煮汁の寒天寄せ

• にんじんとか、ごぼうとかを小さく切って煮汁に入れて火が通るくらい煮ます。具はなんでもいいんです。ほうれん草でも豆腐でも、とにかく小さく切って、煮汁に入れちゃいましょ。

- 寒天は、ちぎって10分も水につけておくと、フニャーとやわらかくなりますから、これを軽くしぼって煮立ちはじめた煮汁に入れます。
- 熱い煮汁に入れると、ほどなく寒天は溶けちゃうので、そこで火を止めて煮汁をステンレスの流し箱か、熱に強いタイプのタッパーなんぞに流し込み、自然に冷ませば煮汁は寒天でようかんみたいに固まります。
- これをかまぼこみたいに切って皿に盛ります。

なにせ煮物の煮汁ですから、いろんなだしが渾然《こんぜん》一体となっており、言いかえるなら旨みのデパートといったところです。美味しくないわけがありません。

魚の煮汁なんかは、魚のゼラチン質や脂分が溶け込んでますから、単に冷ますだけで、煮こごりになるものもありますが、これにもちょっぴり寒天を入れると、しっかり固まって食べやすくなります。

干ししいたけを戻しただしと昆布だしにしょう油とみりんで味をつけ、細く切ったしいたけと、ゆでたそうめんを入れたものは、固まってから5㎜くらいの厚さに切ると、ちょっと変わった寒天刺身みたいになります。私の実家では精進料理の時、こういう寒天料理を刺身がわりにしてました。ちなみに寒天って繊維質の王者なんですよ。

捨てますか？　固めりゃ　1品増えるのに

3　つゆびたしの作り方

野菜どっさり

野菜をもっと食べましょう、て言うと、すぐに野菜サラダが出てくるのが、近頃の実情です。でも本当に食べてほしいのは、ほうれん草や小松菜などのおひたしや炒め物、そして根菜類なんです。にんじん、じゃが芋、大根、さつま芋、れんこんなどの根菜類やかぼちゃのような重量級野菜こそもっと食べてほしいものなんです。

今あげたような芋やかぼちゃなど重量級野菜は、よく煮物にされます。しょう油煮やチキンスープ煮、クリームシチュー、カレーなどに使われますが、今日はもっと簡単にできて、とてもさっぱりした料理を紹介します。

重量級野菜を1～2㎝の角切りか、箸くらいの太さのひょうし切りにしてから蒸します（10分くらい）。

蒸し器がなければ、鍋の中に下から4㎝くらい水を入れ、そこに切った野菜を入れた丼をそっと入れます。鍋に入れた水が少ないので、丼にまで水は入りません。これでふたをして火にかければ、どうにか蒸すこともできます。

蒸し上がったら、熱いうちにそばつゆにドバッとつけ込んじゃいます。そばつゆは、ざるそばのつゆよりうすめ、かけそばのつゆよりやや濃めくらいがいいと思います。これで自然に冷めるまで放っておくと、そばつゆが蒸し根菜にしみ込んで、だし味の美味しい野菜料理になるわけです。野菜をゆでてもできますが、ゆでると旨みが水に流れるのと歯ざわりが今ひとつ蒸したのにはかないません。

冬場でしたら、沸とうしない程度に温めて、夏場でしたら冷蔵庫で冷やして食べてみてください。野菜の栄養をなるべく逃さずに食べることを考えた、野菜のつゆびたしでした。

すりごまを　まぶせば倍旨!!　つゆびたし
それにつけても　酒の旨さよ

4　蒸し野菜の作り方Ⅰ　買わずにすんだ蒸し器はいくら?

私の料理の話で、蒸すってのがよく出ます。ムースじゃありません。茶碗蒸しなんかの蒸すってやつです。

野菜の蒸したものはゆでたものに比べて歯ざわりもよく、味もあまり抜けていませんから、例えば、にんじんやかぼちゃなんかは蒸したものをごまあえにしますし、白菜のおひたしも蒸したものを使います。鶏肉なんかも、蒸したものは脂もほどよく抜けてるのでお年寄りにも食べやすくなってます。

あたしの本を読んだ人からいただく手紙によると、蒸すのはめんどくさいとか、うちは蒸し器がなくってできないなどと書かれていますが、蒸すなんて、あんた、メチャ簡単ですがな。

では前項に続き蒸し器なしでも蒸し物をする、われわれレスキュー隊の蒸しワザをご紹介いたします。
鍋底から３〜４㎝くらいまで水を入れます。そこにやはり少し水を入れた、ごはん茶碗を鍋の真ん中に置きます。その茶碗の上に丸いもち網をのせれば、蒸し器のでき上がりです。もち焼き網が大きすぎて鍋に入らないようでしたら、できるだけ平べったい皿をのせてもＯＫです。ここに蒸したいものをのせてふたをして、火にかければ十分に蒸し物はできます。

〈鍋とざるで蒸す〉

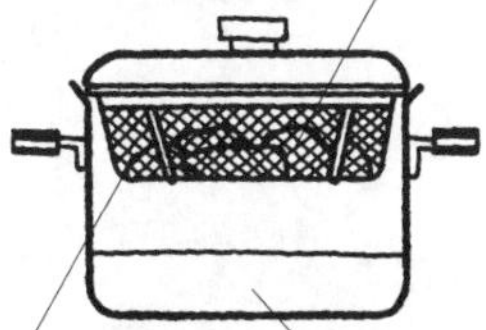

鍋の下では別の煮物、ゆで物をして鍋の２段活用を

もっと簡単な方法は自分ちの鍋とほぼ同じ直径のステンレスざるを用意することです。ざるといっても平らなものでなく4㎝くらいの深さのあるものです。ステンレスのざるってへりのところに5㎜くらいの平らな部分がありますから、そこが鍋のふちにちょうどのっかります。こうすると、ステンレスざるは鍋の上の方に宙づりになってますから、ここに蒸したいものを入れ、鍋には3〜4㎝水を入れて火にかけりゃ、これで蒸し器ですがな。

蒸し器専用の鍋なんてのも売ってますが、そんなの買ってたら、ただでさえ狭い私の台所が、ますます狭くなってかないません。普通の鍋でもちょっと頭をひねったら蒸し器くらいなんとかなるもんなんです。

5 蒸し野菜の作り方Ⅱ 旨みを引き出すコツ

1994年頃、奈良に住む弟のところで一日泊まりました。5歳と3歳の子供と弟夫婦の4人暮らしです。皆でいっしょに食事をしたのですが、子供たちの偏食には驚くばかりです。ソーセージやハムばかりを、それこそつかみとらんばかりにほおばって食べ、野菜には見向きもしません。そしてごはんには味の濃いふりかけといったぐあいです。これは子供たちの問題ではなく、これまでついついめんどくさいという理由で、野菜料理より手軽なハムやソーセージを出していた親の問題とも言えます。

以前にも簡単な煮物のお話をしましたが、美味しい野菜料理を常にドカッと食卓に出すことが、子供の野菜離れを防ぐ方法だと思います。子供たちは、よくにんじんやピーマンのにおいがいやだと言いますが、例えば、にんじんなどはグツグツ煮れば煮るほど臭みが出ます。手間ひまかけて何時間も煮たようなにんじんは、私だって臭くって食べません。

子供の味覚は正直ですから、もっと野菜の旨みを引き出す料理をしたら、けっこう食べるもんなんです。私が弟のところで作った超簡単な野菜料理を紹介しておきます。

にんじん、かぼちゃを2㎝くらいの角切りにします。お鍋に万能蒸し器を入れます。これはステンレスの蒸しすのこ、とでもいうのでしょうか、鍋の大きさに合わせて広がったりちぢんだりするやつです。そして水を万能蒸し器の底のやや下まで入れ、蒸し器の上に角切りにんじんとかぼちゃを入れ、鍋にふたをして火にかけます。沸とうしたら弱火にして7～8分、これだけでにんじんもかぼちゃも十分に蒸し上がっています。できたてのあつあつをお皿にドーンと盛り、食卓に出してみました。

にんじんやかぼちゃって、ゆでると甘みがゆで汁に抜けちゃいますが、蒸した時はほとんど抜けませんから、かぼちゃはもちろん、にんじんだってビックリするほど甘いんです。

子供たちが、まるでお菓子を食べるようにパクパクやっていました。切って蒸すだけという素朴な料理ですが、素材の味をうまく引き出せるので正直言って味つけもいらないくらいです。

味のうすいじゃが芋や、大根、里芋の蒸したものでしたら蒸したてを丼にとり、だし、しょう油を少しかけておくか、塩をまぶしておくと十分に美味しくなります。手間ひまかけずに野菜をどっさり。簡単蒸し料理でした。

6　野菜スープの作り方　お年寄りでもたっぷり野菜

お母さんと2人の子供がおたふく風邪にかかって、ものが噛めなくなってしまい、野菜の煮物をトロトロになるまで煮込んだら、今度はお父さんが「こんな煮つめたもん食えるか!!」と腹を立てました。さてお母さんとしてもなすすべがなく、台所レスキュー隊にTELをかけてきました。

これは2年ほど前のことでした。煮すぎた煮物ってアクも出るし、香りは抜けるしで、決して旨いものではありませんが、噛めないのであればしかたありません。そこで煮すぎることなく、しかも噛めなくてもいいような野菜料理を提案しました。

鍋に水を4㎝くらいはり、昆布とほたての乾物を入れます。その鍋の直径と同じ大きさのステンレスのざるを鍋にスポッとはめ込みますと、ざるのふちは、鍋のふちにひっかかります。そのざるの中ににんじん、かぼちゃ、じゃが芋、玉ねぎなどの乱切りを入れて鍋にふたをして火にかけます。鍋底の水が沸とうして蒸気が上がってくると約10分で、ざるの中の野菜は蒸し野菜になります。

そうしたら火からおろし、ステンレスのざるに入った蒸し野菜を、木べらでグイグイと押さえつけると、ステンレスざるの細かい目を通って裏ごしされた野菜は、下の昆布だしの中へ、ぼっちゃんぼっちゃん落ちていきます。これが蒸し野菜スープとなり、塩、こしょうだけでとても美味しく食べられます。蒸し野菜は、ゆでたのに比べてアクがなく甘みが強いし、鍋底の水には昆布が入ってるから、旨い昆布だしができています。

この噛めなくても食べられる野菜料理は、おたふく風邪に限らず、歯の悪い人や病気で体の弱っている人にもおすすめのフレッシュスープです。なにはともあれ、前々項でも書いたお手持ちの鍋にピッタリはまるステンレスざるを用意してください。ステンレスざるのふちが鍋のふちにぴったりのっかるくらいのざるが、必ず売ってます。

7　枝豆の食べ方　蒸す前の処理がツボ

あたしゃ〜枝豆がだ〜い好きでしてねえ、夏の暑〜い日なんざ枝豆にビール、いやいや枝豆につべてえ冷酒ってえのもこたえられませんですなあ。何、枝豆ったってお酒とばかり仲良しじゃありません。枝豆を混ぜたごはんとか、枝豆をすりつぶしたもんも旨いもんでございます。

さて、この枝豆なんですが、皆さまいかようにしてお料理なさっていなさるか？本のそっちとこっちじゃよくわかりやせんが、こっち側、あっしの料理方法をちょいとお話ししておきやしょう。

まずもって枝豆をざるに入れ、粗塩をたっぷりふりまして、しっかり塩もみするってんです。こいつを30分ばかり放っぽらかしといてから、ゆでるんじゃなくって蒸しちめえます。

もし、蒸し器をお持ちでねえようでしたら、鍋に2～3㎝ほどの水をはって火にかけます。そんでもって沸とうしてきやしたら塩もみした枝豆が入ったステンレスざるを入れてふたをしやす。

どちらのやり方もゆでる時とほぼおんなしくれえの時間で火が通りやすから、そしたらざるにとって冷ましてくださいまし。普通ゆでた場合にゃここで塩をふりやすが、あらかじめ塩でもんでありやすんで、今さら塩でもございやせん。

だまされたと思って一度やってくださいまし。まあ、うめえのなんの、枝豆の甘さや風味が引き立っておりやすし塩味が枝豆の表面だけじゃなく、まん真ん中までじわ～っとしみてるんでございます。

まあなんですなあ、ゆでると、どうしてもお湯ン中にいろいろな成分が逃げちまうこともあるんでしょうなあ。その点、蒸した枝豆は旨みがたっぷり残ってるようでございます。それに、ゆでた後で塩をふりやすとその後、枝豆から水がポタリポタリと出てまいりますが、あらかじめ塩もみして30分ばかり放ったらかしたやつですと、でき上がってから水が出ることもありやせん。

さて、そろそろ蒸し上がる頃でござんすよっと、あらっ、ビールが1本もねえ。こりゃあ、枝豆に塩どころか青菜に塩だあ。お後がよろし……くねえよお、ビールちょうだいっ!!

8　浅漬けの作り方

瓶を使ってすぐできる

夜遅く帰ってきた時とか、お酒飲んだ後なんかに、やたら漬け物を食べたくなるなんてこと、ありませんでしょうか？　今は昔のように家でぬか床を作る人も減ってきて、だんだん漬け物は、作るものから買うものへと変わってきたようです。まったく情けないというか、「がんばれ日本、漬け物くらいは自分で作ろう」と声を大にして叫ぶと疲れるから、簡単に作れる浅漬け作りをやってみましょう。

まず口の広い瓶を用意します。マヨネーズ瓶とか、コーヒーの空き瓶みたいなもの。これをよ～く洗っておきます。しっかり洗わないと変な中毒菌にやられちゃうので、これはまじめにやっておきます。さて、浅漬けにする野菜ですが、その季節のもので生で食べられるものならなんでもこいです。大根、かぶ、なす、みょうが、にんじん、セロリ、キャベツ、オクラなんかもいいですね。

これらの野菜を食べやすいくらいの大きさに切ります。基本的には薄切りですね。切った野菜をいっしょくたにして瓶に詰めるんですが、その時に小さく切った昆布と、唐辛子を少しと塩を加えます。塩は野菜全体にまぶした場合、ちょっとしょっぱいかなっていうくらいでいいです。

さて、瓶に詰め終わったら、水をそそぎます。野菜ぎっしりの瓶ですから、水を入れるったってたいした量じゃありません。口のところまで水が入ったら瓶にふたをしてでき上がり。野菜の種類にもよりますが、だいたい次の日から食べられます。

多少多めにふった塩も、水を加えたことで漬け物自体はそうしょっぱくはありません。夏場でしたら、みょうがとなすにしょうが、しその葉なんて組み合わせ、さっぱりして旨いです。かぶの葉っぱやセロリの葉っぱ、大根の葉っぱなんぞも漬けてみてください。塩でもむ浅漬けと違って瓶を使った水漬けは日持ちもいいし、昆布のだしがよくきいております。熱いごはんと漬け物……たまらんなあ。

9 漬け物の作り方　いたんで捨てるつもりなら

冷蔵庫の中で大根やにんじん、きゅうりなんかがしなびちゃった、なんてことはありませんか？　今、これを読みながら、「あっ」と思い当たる方、いるはずですが、あわてて捨てることはありません。別にあたしが、パトロールに回るわけじゃないので、安心して最後まで読んでください。

みずみずしかった野菜も水分が抜けちゃうと、ちょっと情けないというか、どうもこうもしようがないような気がしますが、そんな気がするというだけで、実は、そこに抜け穴があったんです。水分の抜けた野菜って今さら煮物にしても美味しくはありませんが、漬け物にすればどうでしょう。大根、にんじん、きゅうりなど多く買いすぎて水分が少し抜けちゃったなあという状態になったら、さっさとみその中につけ込んでしまいます。

うちではタッパーにみそを入れていますが、その中につけ込むと早くて1週間、かなり水分の抜けたにんじんなどは、2～3週間で美味しい漬け物になっちゃいます。これって考えてみたらごく当ったり前のことでして、だって、あのたくあん漬けを見てください。生の大根をしっかり干してからつけてるでしょう。

干すってことは水分を抜くってことだから、冷蔵庫でしなびちゃったと考えるよりは、冷蔵庫で干したんだと、水分を抜いたんだと、そして美味しいみそ漬けを作るなんて、まあなんて段取りのいい私なんでしょうと考える方が、人生楽しくやれます。これを世間一般では、問題のすりかえとか責任転嫁とかもみ消しとか言うようですが、そんなの美味しい野菜のみそ漬けを食べてる人にはさとられません。水分が抜ける、しなびるというのを欠点と見るか、長所と見るかはその人の力量の問題です。さあ、冷蔵庫の野菜BOX、チェックしましょ。

しなびたにんじんやきゅうりの1本や2本はあるでしょうに。またセロリでもできます。美味しいみそ漬けを作って、私ってなんて段取りいいんでしょうとうっとりしてください。

10 じゃが芋の使い方 4種類のおかずも

じゃが芋を自分で収穫したことのある人だったらわかると思いますが、皆が皆、粒ぞろいというわけにはまいりません。人間と同じで、大きいのもあれば極端に小さいのもあります。しかし、農家が出荷した芋は大きさで分けられ、値段にも違いが出てきます。やはり大粒は高く、小粒は非常に安いんです。ですから八百屋の店先にも大粒はよく並びますが、小粒はあまり出てきません。農家の人も小粒の芋を出荷してもあまりもうけにならないんです。

ところが先日、田舎の直売場で新じゃが、チビ粒がとんでもなく安く並んでいたので買って帰りました。今日はチビ新じゃが芋をひと鍋でコロッケ、マッシュポテト、肉じゃが、チキンスープなど、あれこれやっちゃいましょ。

まずたわしでもって芋を洗いますと、皮もおおかたむけちゃいます。大鍋にその芋をドカドカ入れ、鶏ガラ１羽分を入れてひたひたくらいに水を入れ、火にかけます。沸とうして４～５分はアクをとってください。

その後は弱火にしてふた。約10分もゆでれば、十分に火は通ります。ここがチビ芋のいいところです。さて、そこでじゃが芋の半分は引きあげてボウルにとり、木べらでつぶします。これは、マッシュポテトにするか、コロッケにするか、それは、あなたしだいです。刻んで塩もみした野菜、マスタード、マヨネーズなどであえればマッシュポテト。炒めた玉ねぎやひき肉を混ぜればコロッケの種になります。

次に鶏ガラをとり出し、スプーンでガラについてる肉をそぎ落とします。これを別の鍋に入れ、残りのじゃが芋もそこに入れます。その時、じゃが芋をゆでていたスープも少し入れ、玉ねぎ、しょうが、しょう油、みりんでコッテリ煮ると新じゃがの肉じゃがです。さて、最後に残ったゆで汁は、鶏ガラとじゃが芋のエキスがたっぷりですから、塩、こしょうで味を調え、ねぎやパセリのみじん切りを浮かせてチキンスープのでき上がり。

小粒のじゃが芋でも、鶏ガラといっしょにゆでると旨みたっぷりに仕上がります。

おまけに鶏ガラスープがこれまた美味しくなるんです。

11　じゃが芋酢漬けの作り方　　じゃが芋では太らない

じゃが芋ってなんとなくデンプンのかたまりみたいな感じですが、ところがどうして、あれでビタミンCをたくさんかかえこんどるのです。しかもそのビタミンが熱に強いタイプだそうですから、調理してもあまり失われんとなると、こりゃもう使わにゃソンソンという気がします。

さて、そのじゃが芋の調理の仕方ですが、世間一般でよく食べられているじゃが芋料理は、どうしても油を使いすぎるため、体にとってあまりいいとは思えないものが多いのです。

例えば、フライドポテトやポテトチップス、コロッケなどは１５０℃以上に加熱した油を多く含んでいますから、あまり感心できません。ポテトサラダの場合は加熱こそしていませんが、マヨネーズやドレッシングの形で油を多くとってしまいます。こういったのをバンバン食べてたら、そりゃ太っても不思議ではありません。

でも、太らせた犯人をじゃが芋にしてしまって、じゃが芋を食べると太るなどといわれるとじゃが芋だって怒ります。

じゃが芋の味方としては、太らないじゃが芋料理で対抗していくしかありません。そこでひとつ、とても簡単なじゃが芋料理です。

ゆでじゃが芋の酢漬け

- 鍋に少なめの水を入れて火にかけます。
- お湯が沸いてくる間にじゃが芋を切っておきます。
- じゃが芋は割箸くらいの太さに切ります。
- お湯が沸いてきたら切ったじゃが芋を入れてふたをします。
- 弱火でもって5分もたてば、細切りのじゃが芋はゆで上がります。
- ざるの上で鍋をひっくり返して、ゆでじゃがをざるにとります。
- からになった鍋に水けをよくきったじゃが芋を戻し、それがヒタヒタになるくらいに酢をそそぎます。

・そこに3㎝角くらいのだし昆布を1枚入れ、うっすらと塩、こしょうしたらよくかき混ぜ、ふたをして完全に冷めるまで放っておきます。

酢につけておくと、じゃが芋がとっても甘い感じになるから、不思議なものです。お皿に盛りつけたらごま油かサラダ油をほんの数滴、多くても茶さじ半分くらいかけてください。

ほんの少しの油ですが、これだけでも十分なくらいにコクが出てきます。これでしたらビタミンCたっぷりのじゃが芋をたっぷり食べてもそうそう太るものではないでしょう。

12　マッシュポテトの作り方　半分おからで低カロリー

じゃが芋はコロンブスによって、ヨーロッパに伝えられた作物。ビタミンも多くヘルシーな食物なのに、なんとなく、食べたら太ると思われてる気の毒なじゃが芋。ゆでじゃがにたっぷり塗りたくるバターや、サラダの時にたっぷり入れるマヨネーズなんかの脂肪分で太っているんじゃないでしょか？

うちではポテトサラダを作る時に、ゆでじゃが芋と同じ量のおからを混ぜています。私の以前の本にも書きましたおからマッシュポテトをご紹介します。

おからマッシュポテト

- じゃが芋をゆでます。その間に玉ねぎ、きゅうりなどを薄切りにして塩もみします。にぎにぎもむと水がタラタラ出てきますので、よくしぼっておきます。
- 中華鍋におからを入れ、中火でからいりします。焦げないように木べらでかき混ぜながら5〜6分、水けをとばします。
- やわらかくゆでたじゃが芋の皮をむいてへらでつぶし、おからとよく混ぜ合わせます。
- 塩、こしょう、マスタードで味つけをしますが、おからが入ってるだけにパサつきがち、そこでとても濃く作ったスキムミルク（脱脂粉乳）を少し加えてしっとりさせます。それでもパサつく時は、鶏ガラスープなどを少し加えます。

・これが冷めてきたら、例の塩もみ玉ねぎ、きゅうりを加えてよく混ぜます。

とてもあっさりしているので、年配の方にはこのままでピッタリですが、若い人にはもう少しコッテリした方がという人も。その時は少しマヨネーズを加えるか、サラダ油をスプーン1杯程度入れるとバッチリです。

カロリーほとんどなし、繊維質たっぷり、タダ同然のおからですから、煮つけだけじゃもったいないでしょ。もしもおからポテトサラダが残ったら、そりゃギュギュッと丸めてコロッケにしちゃって明日の弁当ですがな。

13 大根のへたの使い方

再生させてみそ汁やおひたし

今や全国どこへ行っても、ゴミ問題は避けて通れません。処分場があるとかないとかいうのも確かに問題になってますが、何はともあれ、限りある資源をどう上手に活かしていくかということが必要とされています。

生ゴミも、自宅でEM菌などを使って肥料にする方法が普及してきました。バクテリアなどの力を借りて、生ゴミを有機肥料にかえて土に返すというのは、なかなかすぐれた方法だと思います。

ですが、あたしの住んでる東京の白金じゃ、肥料にしたところで返す土がありまっせん。2DKのアパートのまわりにゃ庭はおろか土がありまっせん。そんなもんで、肥料作りは先送りにして、とりあえずいじましい生ゴミ減らしに励んでいます。

大根やにんじんを使う時に、まず切りとるのが、へたの部分。もう、こう言えば長年台所に立ってる人なら、あ〜、あれね、とわかっちゃうでしょうが、台所仕事を知らない人だと、大根のへたがどうしたんだ？　と疑問に思うかもしれませんネ。

にんじんや大根のへたを小皿にとり、水を少しはっておきますと、へたの部分から青々とした葉っぱが、ぐんぐん伸びてきます。一日一度、へたを水洗いしてやるだけで、時には30㎝以上になることもあります。そのくらいに伸びると、へたそのものはすっかりしぼんじゃうので、そこいらで葉っぱを収穫して食べちゃいます。普通の大根葉やにんじんの葉よりやわらかいので、すぐに火が通りますから、みそ汁やおひたしにぴったし。庭がなくても家庭菜園気分で楽しくゴミ減らしってのはいかが？

身を切られ　わずかな芽から　伸びた葉を
ガバッと食べちゃう　鬼の仁ちゃん

14　切り干し大根の使い方　とにかく安いカルシウム

切り干し大根を食べようとしたけど、とてもかたくて歯が立ちません。食べ方を教えてください。たまにこういうマヌケなご質問がくるもんです。水で戻さんと、そのまま食べりゃかたいに決まっとりますがな。水かぬるま湯に20分もつけておけば、そこそこにやわらかくなりますから、それからちょいと料理すりゃええのです。

例えば、水につけて一晩置いた切り干しでしたら、かなりやわらかく戻ってますから、ギュッとしぼってしょう油を少しかけただけでも食べられます。また、そこにちりめんじゃこを混ぜて酢を少しふりかければ、とてもサッパリした切り干しです。小さく切ったにんじんと油揚げを入れ、細切りの昆布や干しえびなんかといっしょにしょう油で煮た切り干し大根は、ありふれてはいても、とても懐かしい感じの味です。夏場なんかは戻した切り干し大根をギュッとしぼってごま油で炒め、唐辛子としょう油でうすく味つけすると、ピリッとしてごま風味よく仕上がり、食欲も増してきます。

さてこの切り干し大根ですが、生の大根に比べてカルシウムがべらぼうに多くなっていますし、あっさりした生の大根からは考えられないくらい旨みがあります。もとは同じ大根とはいえ、これはもうまったく別の食品と考えた方がいいくらいだと思います。

そしてありがたいことに、大きな袋いっぱいでも200〜300円で買えますから、大根が高い時なんぞ、助かります。もちろんおろし大根にはなりませんが、煮物や炒め物、サラダなどには十分でしょう。

切り干し大根は自分でも作れます。大根の安い時、細切りにして干す。または薄い輪切りで干す。縦4つに割って干せば割り干し大根、こいつは戻すのに1時間かけてください。

ただし、保存には気をつけてください。冷蔵庫など冷暗所に置かないといけません。暖かいところや日光のギラギラ当たるところだったら、すぐ茶色に焼けてしまいます。

スキーで骨を折ったあなた、切り干し大根でカルシウムをとってください。

15 塩辛大根の作り方　干した大根といか肝で作る

世の中、いろんな人がおります。あたしもかなり「変」って言われとりますが、その「変」な人あてに「変」な手紙を書いてくる60すぎのおじさんもやっぱり「変」なんですう。私の本の読者で、千葉に住んでるAさんからお手紙をいただきました。あたしの本を読んでいろいろな料理に目ざめたという話で、著者としてはとてもうれしい限りでした。でもこのおじさんを「変」と思ったのは、その後のことです。

手紙をもらって何日かたった頃、うちの事務所に麻生さんから電話がかかってきました。まあ、読者の方からの電話だったら、なれているので別に、ビビッたりはしませんが、この電話はブッたまげました。麻生さんの生み出した料理の電話だったんです。

私の本を読んで、いかの塩辛は作れるようになったらしいのですがその塩辛に、なんとなんと大根をつけ込んだんですって。それも、細く切ってよく干した、切り干し大根とまでは言わなくても、かなり乾燥させた大根をあのするめいかの肝に混ぜてねかしたそうです。これが、つけ込んでから10日もたつと、歯ざわりもよく、かといってかたすぎることもない美味しい塩辛大根になってたそうです。これを電話で聞いたあたしは即やってみました。ひとつは、戻した切り干し大根とするめいかの肝。もうひとつは切って2日ほど干した大根とするめいかの肝。少なめの塩でつけたんですがどちらも1週間を過ぎた頃からやわらかくなってきて美味しく食べられました。生の大根だと水っぽいですが、干してあるからまったく水っぽさはありません。歯ざわりは中華料理のくらげに近いけど、大根って言われなきゃ、絶対にわからんじゃろうなあと思うほどです。とにかく旨い。

皆さまも、何か新しい料理を開発したら私にお知らせください。次の本でご紹介させていただきます。旨いものは皆で食べましょ。

16 きんぴらの作り方　大根、にんじん、うどの皮

この前、私の台所レスキュー隊にこんなお手紙がきました。大根やにんじんの皮を捨てるのがもったいないのですが、何か利用方法はありませんか？

台所や食生活の困ったことの相談を受けている私からみると、こんな質問なんてまだまだ序の口、幕下三段目です。1か月5万円かかっている食費を半分に減らしたいとか、調理時間の短縮方法なんかに比べたら、大根やにんじんの皮の使い方なんて、ありんこの赤子の手をひねるより簡単です。

いちばん簡単な解決方法は、大根の皮をむかなきゃエエのです。でもこんな答えじゃ質問者の目が点になって、あたしの家に石ころを投げつけないとも限りませんのでまじめに答えます。

近頃は品種改良のせいか、皮までとてもやわらかいものもありますが、大根やにんじんの煮物を作る場合など、やはり皮をむいた方が食べやすいし、美味しく煮えます。

そこで大根やにんじんの皮をむくのですが、昔は、こいつに軽く塩をあてといてからぬか床につけて漬け物にしていました。近頃ではぬか床を作ってる人が少ないので、これは現実的ではありまっせん。

大根皮、にんじん皮の即席漬けときんぴら

- むいた皮は、その場で細く切っちゃいましょ。
- これを小鉢にとり、しょう油をさっとかけ回し、ごまをふっておくと30分くらいで即席漬けができ上がり。
- また、前菜や箸休めにするならこの細切り大根を少量のごま油でさっと炒め、お酒をおちょこ1杯、しょう油少々を加えてしっかり煮きっちゃえば、きんぴらのでき上がりです。

このきんぴらは、大根やにんじん本体よりも皮の方が、風味がいいというのも不思議なものです。

捨てればゴミでしかない大根やにんじんの皮ですが、ちょっと手を加えれば、一品二品おかずが増えてもうかったと喜んでいる魚柄仁之助でした。

17　玉ねぎソースの作り方　手作りソースのベース

日本料理が、だしの料理といわれるように、フランス料理も、ソースの料理とよくいわれます。日本人はソースというとウスターソースとか中濃ソースととらえがちですが、本来ソースって料理ごとに作るものです。

そういうソース作りに、まじめに取り組もうとすると、けっこう時間がかかりますが、今日はいろいろな使い回しのきく、基本的なソースをひとつやってみます。

ソース作りのベースは、何はともあれ、玉ねぎであると信じ込んでください。玉ねぎを手なずけてしまえば、もうこっちのものです。スパゲティーのソースだろうが、肉にかけるソースだろうが、お好み焼きのソースだろうが、玉ねぎを味方につけりゃ強いもんです。では、さっそく強いもんになってみましょ。

玉ねぎのソース

- 玉ねぎは薄切りにします。
- フライパンか、厚手の鍋に油をひいて火にかけ、玉ねぎを入れ、木べらで混ぜながら軽く炒めます。
- 油が、全体になじめばいいのですから別にきつね色になるまでがんばる必要はありません。
- 次に火をいちばん弱くして、塩、こしょう、そしてお酒か白ワインをお玉1杯ジュワーと入れ、すぐにふたをします。
- このまま5～6分火にかけておくと玉ねぎはやわらかく、とろけるようになっています。

これでソースのもとができました。後は、その料理ごとに味つけしてください。おろしたトマトを入れると、スパゲティーソース、おろしりんごとおろしにんにくを入れて煮詰めたステーキソース。おろししょうがにすりごま、唐辛子でお好み焼きソースです。玉ねぎはさっと炒めて、酒やワインで蒸し煮にすると辛みが抜け、甘み

が出てきます。それにトロトロになるからソースにトロみがつくんです。お客さんが来た時に、自家製のソースがあると、かっこいいですよ。

玉ねぎを手なずけてソース作り、いかが。

18 野菜サラダの作り方

辛い玉ねぎもおだやかに

私は常日頃から生野菜サラダより温かい野菜や、野菜の煮物、炒め物をおすすめしています。その方が十分な量をとることができるし、体も冷やさないからなんですが、生野菜をまったく食べないかというと、そういうわけではありません。夏の暑い時などは、さっぱりしたマリネなどなかなかいいものです。きゅうりやキャベツの浅漬けなんてのも、ある意味では野菜サラダの一種といえます。

よそのお宅に呼ばれていくと、野菜サラダを出してくれることがあります。近頃の日本で野菜というとサラダにする野菜を意味するようになってきたんじゃないかと思ってしまうほど、野菜サラダは普及してきて、煮物はすたれてきました。

それだけ普及してきた野菜サラダなんですが、その作り方については今ひとつ、首をかしげたくなります。というのも、近頃食べる野菜サラダというものは野菜の下処理をしていないんじゃないかと思うんです。刻んで水にさらした野菜を盛りつけて、ドレッシングをかけます。こういった野菜サラダがほとんどだといってもいいように思えます。

米国に住んでいる友人の話を聞くと、米国で食べるサラダもまさにそのとおりだと言ってましたから、それが日本にも広まったのかもしれませんが、私は正直言って少なくとも塩くらいはふっておいてほしいと思っています。きゅうりなど、塩をふってしばらく置いたものを切ってみてください。全然、旨さが違います。玉ねぎも塩もみしてしんなりなったところでお湯で洗い、水でよく冷ましたものをかたくしぼると、胃にももたれず、ほどよい甘みも感じます。マリネを作る時などは切った野菜に塩をまぶしてしばらく置いておくと、水分が抜けてしんなりしてきます。そう下ごしらえをしておいてからマリネにすると、水っぽくならず美味しく仕上がるものです。

まあ、これは好みの問題でもあるのでしょうが、切ったばかりのパリパリ、ポリポリした野菜に味の濃いドレッシングといったパターンの野菜サラダばかり目立つ今日この頃です。このままだと、日本中みんなウサギになってしまいそうな気がする私です。

19 オクラ吸い上げの作り方

そばつゆの味を吸い上げる

今じゃ日本中どこに行っても、同じような野菜が手に入ります。オクラっていう野菜も知らない人はいないと思いますが、このオクラって日本で栽培されるようになったのは戦後のことでして、そもそもは、モロヘイヤなどと同じ、アフリカ原産の野菜なんです。本場アフリカでは、小さく切ってドロドロになったオクラをスープに入れるのだそうですが、そこはやっぱり日本人。一度日本に入ってしまうと、もうこちらのもんです。

オクラなんていう名前からして、まるで万葉の昔からあったような感じです。山上憶良が好きだったからオクラって名前がついたんだよと言えば、1/3くらいの日本人は信じちゃうんじゃないかと思うくらい、日本的な野菜です。生を刻んで納豆みたいにネバネバさせたもの、さっと炒めたもの、天ぷらなど完全に日本食にとり入れられておりますが、今回ご紹介するのが、オクラの吸い上げ。用意するのは、かけそば用のかけ汁をコップに⅓、それとオクラです。

オクラの吸い上げ

- 鍋にお湯を沸かします。
- 沸とうしたところにオクラを５～６本入れ、10～15秒で引きあげます。すぐにオクラのヘタを包丁で切り落とし、切り口を下にして湯飲みか、コップに入れます。
- そこにかけそば用のかけ汁を底から２cmくらいまでそそいで、そのまま自然に冷めるまで放っておきます。
- 昆布、かつお節のだしにみりん、しょう油で合わせたつゆをだんだんオクラが吸い上げていきます。

冷める頃には、オクラのてっぺんまで美味しいつゆの味が上がってきておるのです。これは、このまま食卓に出して、いわば、スティックサラダみたいに食べてみてください。つけ汁にどっぷりつけちゃうと、オクラの緑色があせちゃいますが、切り口を下にして立てておけば、味はしみ込んでも色は鮮やかなまま。ミネラルやビタミンの多いオクラです。おしゃれに食べてみてください。

20 おひたしの作り方

シュウ酸除いてビタミンとって

健康な体を維持するために大切な青物野菜。ほうれん草、小松菜、ブロッコリーなどいろいろなものが八百屋に並んでいます。青物野菜は人間だけでなく、例えばあの肉食のライオンだって必要としてるそうです。ライオンが倒したシマウマを食べる時、まず最初にシマウマの腸から食べるそうです。その腸の中には未消化の青い草が詰まっていて、ライオンはこれをむさぼり食べていると、故・川島四郎さんが書いておられました。

さて、私ら人間にとって生では消化吸収しにくいほうれん草、しかもこれにはシュウ酸が含まれています。シュウ酸は体内でシュウ酸結石をつくっちゃうこともあるから、ほうれん草は一度ゆでてシュウ酸を落とす方が賢明です。しかし、熱を加えすぎるとビタミンが減ってきます。シュウ酸とりたし、ビタミンは惜しい。そこで調理の化学の出番です。ほうれん草は80～85℃で十分にゆでられますから、なにも沸とうさせつづける必要はありません。100℃でゆでるより80℃でゆでた方がビタミンや酵素の損失も少なくてすみます。

ほうれん草のゆで方

- 鍋にたっぷり水を入れ、強火にかける。
- 沸とうしたらほうれん草を入れ、ふたをして火を止める。
- 2～3分たったらとり出して冷水につける。

こんなもんでほうれん草のおひたしができるのかと疑うでしょうが、本当にできるんです。100℃の湯も、ほうれん草を入れると85℃くらいに下がります。鍋にふたをして火を止めてもガスレンジの余熱があるから2～3分たってもまだ80℃くらいはあります。このゆで方だとアクがそんなに出ず、青っぽい臭みもありませんし、非常にシャキシャキした歯ざわりです。シュウ酸は水に溶けちゃうし、ビタミンの損失も少なくてすむ、このリストラクッキング、台所の知恵なんて、おばあちゃんの知恵ばかりが知恵でもありません。化学的なことも生かしてこそ「今時」の知恵じゃないでしょうか?

ポパイでも　結石激痛　目に涙
痛みに　こりて　水煮の缶詰め

21　たらの芽の使い方

天ぷらばかりじゃ能がない

あたしゃ、あちこちで山菜が好きで〜すなんて言ってるせいか、いろいろな人から山菜をいただきます。東京のド真ん中に住んでる人間にとっては、ありがたいことこの上なしですが、あんまり多すぎると、いささかあきもきます。

ご存じのとおり、たらの芽ってのもかなりクセがあります。苦みというか、エグみというか、まあ、子供たちにはあまり美味しく感じないものかもしれません。ですから、ふきのとうなどと同じようにたらの芽も天ぷらにすることが多いのです。

天ぷらにすると、たっぷりの油を吸った衣に包まれているため、あまり苦みも気になりません。しかし、いつでも天ぷらばっかりっちゅうわけにもまいりません。いつもお話ししておりますように油のとりすぎは、あまりいいことではないからです。そこで、今回はいただきもののたらの芽でごまあえを作ってみました。

たらの芽のごまあえ

- たらの芽をざっと水洗いしたら、塩をぱらぱらっとまぶして軽く塩もみしておきます。もむというよりは塩でたらの芽の表面を洗うという感じです。
- お鍋にたっぷりと湯を沸かし、たらの芽をバサッと入れます。
- 再び沸とうしてきたら火を弱くして2分くらいゆでます。
- ゆで上がったたらの芽をざるにとり、冷たい水につけてしっかり冷まします。これでエグみ、苦みはかなり抜けています。
- たらの芽を水につけて冷ましてる間にすり鉢でごまをすります。そこに練り辛子を入れ、しょう油を少々加えてよくすり合わせます。

・水けをしっかりきったたらの芽を、すり鉢にデーンと入れ、手でよく混ぜますと、ごまと辛子じょう油でたらの芽をあえることができます。

多少苦みが残った方がいいという方でしたら、ゆで上がりをざるにとって、冷まさずにすぐすり鉢に入れて、ごまと辛子じょう油であえてください。そのまま冷ましてから食べると味がよくしみています。

すり鉢のない方は、売ってる練りごまでやってみてください。

22 ふきのとうの使い方

刺身の薬味にもよく合う

毎年、春先になると春の山菜をいただきます。ふきのとうやたらの芽なんかに始まって、初夏の山うどにいたるまでこの季節の山菜は、生命力豊かな感じがします。近頃は山菜といえども店先に並ぶものは栽培ものが多く、自然のものはなかなか手に入りにくくなりましたと言おうと思った矢先、知り合いが、摘みたてのふきのとうを届けてくれました。

　ひとりは神奈川県の人で、裏の山でとれたと言ってます。もうひとりは長野県の人で、これは標高１０００ｍくらいのところに住んでる人が裏の山でとったというから、こりゃかなり高冷地でとれたふきのとうのようです。食べ比べてみますと、神奈川の方はあまりアクがなく、軽い風味がただよう感じですが、長野の方はかなりしつっこいくらいアクっぽい。香りもまさに強烈。やっぱり高冷地で育った植物だなあって感じでした。

　さて、ふきのとうといえば、まずは天ぷらです。衣をつけてカラッと揚げ、すだちをジュッとしぼり、塩をちょいとつけてやってみました。もちろん天つゆでもいただきました。

　それからふきみそです。ふきのとうを¼に切り、油で炒めて、そこに酒とみそを加えてよくいりつけます。水分をしっかりとばしておくと１か月くらい保存できるふきみそになりますから、冷や奴を食べる時なんぞおしょう油、薬味いらずです。

　もちろん熱いごはんにのっけたり、おにぎりの芯にもよく合います。さてここで毎度の変な使い方ですが、よく洗ったふきのとうを小さくみじん切りにして、お刺身の薬味にしてみました。ひらめや鯛などの刺身でふきのとうのみじん切りをくるっと巻き、しょう油をちょこんとつけてパクッとやる。ふきのほろ苦さがなんともいえません。まさに大人の味、「あ〜春が来たんやねえ」ちゅう味です。白身魚に限らず、どんな刺身にもよく合うふきのとうのみじん切り。刺身ばかりか、酢みそであえるぬたにも使えますから、薬味としてのふきのとうをお試しください。

23 なすペーストの作り方　蒸しなすペーストの旨み

あたし、今、パンになすを塗って食べています。バターやジャムを塗る人ならよく見かけるでしょうが、なすを塗る人ってなかなか見かけないと思います。といいましても、あのなすそのものをパンに押しつけたところでとても塗れるもんじゃありません。それは単なるなすサンドイッチちゅうやつで、そんなもん食べたくはありません。では、どうやってなすをパンに塗るかっといいますと、まずなすを蒸しちゃうんです。

蒸しなすペースト

- 丸のままのなす4〜5本とにんにくを2かけ、これを十分に蒸したら、あつあつのうちになすの皮をむきます。
- なすは焼きなすの時みたいにやわらかくなっていますから、こいつをまな板の上に置いて包丁で小さく小さくたたきます。
- そこに蒸したにんにくも加え、木べらでなすもろともすりつぶします。すりつぶしてペースト状になったらフライパンにとって弱火にかけます。
- 少し水分が抜けたらサラダ油を茶さじ3杯くらい入れ、塩、こしょうで味を調えてよくネリネリ練り合わせます。

これを冷ましたのがなすとにんにくのペーストですが、冷めてから練り辛子、マスタードなんぞを少し加えると、保存性も良くなっちゃうんです。そしたらきれいに洗った瓶に詰めて冷蔵庫へ。

なすって焼きなすや漬け物にすると割と淡白な味ですが、蒸してペーストにするとかなり濃厚な味がします。にんにくとサラダ油を加えるのが、味を引き立てさせるポイントなんですが、にんにくもしっかり蒸しておけばそんなに臭くはありません。それどころか独特の旨みが出てきますから一度蒸してみてください。バターやマーガリンを塗ったパンと比べてベタつかない割に旨みが強いんです。フランスパンを薄く切って軽く焼きますわなあ、そこにこのなすペーストをたっぷり塗ってパクッとやる。サンドイッチ作りの時、バターのかわりに塗っちゃう。

今日もあたしゃパンになすを塗って食べとります。なすが安くなったらたっぷり作ってみてください。難しくはありません。なすばなる、いかが？

24　にがうりの使い方　体によく効くビタミンC

米国でビターメロンと呼ばれる野菜、なんだかわかりますか？　鹿児島では「ニガゴイ」とか「レイシ」、沖縄では「ゴーヤー」。正解はにがうりです。

近頃は日本中どこへ行ってもスーパーで手に入るようになりましたが、30数年ほど前初めて沖縄に行った時が、私とにがうりの初対面でした。にがうりの薄切りと豚肉、豆腐を油で炒めたゴーヤーチャンプルー。

最初はその苦さにびっくりしたもんですが、とことん暑い夏の沖縄では、苦さゆえに食欲がわいてくるというものでした。

にがうりは夏バテ防止野菜とか、健康野菜といった言われ方をしますが、それもそのはず、ビタミンCがレモンの2~7倍くらい含まれているんです。ゴーヤーチャンプルーのように、さっと油で炒めた場合だとビタミンCの損失も10%くらいですみますから、まさに夏バテ防止食品といえそうです。

今でこそ日本中どこでもお目にかかれるにがうりですが、そもそもは熱帯アジアがふるさとです。日本に入ってきたのは江戸時代の初め頃、中国→沖縄→鹿児島と伝わってきました。原産地が熱帯アジアですから、日本に入ってもなかなか北上しなかったようですが、最近では、あちこちで栽培されています。中国の薬膳では、口の渇きをとってくれる食べ物とされています。また、血糖値を下げる作用があるという西洋医学の論文もあるようです。

薄く切って熱湯をさっとくぐらせたにがうりに、かつお節としょう油をかけて食べるのもあっさりしていていいものでしたが、私の体験で最も強烈だったのが、沖縄で飲んだゴーヤージュース。苦い苦い‼ そりゃもう苦いジュースですが泡盛を飲みすぎて二日酔いの私には、いい薬でした。

25 にんにくじょう油の作り方　一瓶仕込んで

にんにくを使った料理は好きなんだけど、あのにおいがとおっしゃる方、多いんじゃないでしょうか？　にんにくも一度ゆでたり、蒸したりするとかなりにおいはとれちゃうものですが、いちいちゆでるのもめんどうなものです。そこでおすすめなのがにんにくのしょう油漬けです。

にんにくって安い時には1kgくらい入ったネットで500円なんてこともあります。でもたいてい使いきれずに腐っちゃったり、芽が出たり、ひからびたり。そうなる前に、にんにくじょう油にしちゃえばもうけもんです。

にんにくじょう油

- まず、にんにくの皮をむきます。
- むいたにんにくをきれいに洗って水けをきった瓶に入れます。
- 瓶の半分か⅔くらいまで入れましたら、そこにしょう油を瓶いっぱいまで入れます。
- ふたをして暗く涼しいところに2か月置いておけば、立派なにんにくじょう油ができています。

しょう油を使った炒め物や、肉の下味をつける時などに使ってみてください。そりゃ生のにんにくを使ってますからいく分、にんにくのにおいはしますけれど、そんなに強烈ではありませんし、手間いらずでにんにく味を楽しめます。

しょう油が減ってきて、にんにくが見えそうになったら、そこにしょう油をつぎ足してください。しょう油って添加物の入ってないものは、表面に白いカビが生えてくるものですが、このにんにくじょう油にした場合、いまだかつて生えたことがありません。うちでは、しょう油をつぎ足しつぎ足しもう5年以上になりますが、いまだまったくカビはなし。

しょう油漬けで真っ黒になったにんにくを、1個とり出してみじん切りにします。これをチャーハンに入れたりギョーザの種に入れると、塩味をつける必要がないくらいしょう油とにんにくの旨みが活躍します。

台所のすみっこで芽が出そうになったにんにくを見つけたら、すかさず皮をむいてこのにんにくしょう油瓶に放り込んでいます。こんなのほんのちょっとした工夫なんですが、このにんにくじょう油の隠し味が暑い盛りの冷やし中華のたれを美味しくしちゃうんです。

26 唐辛子焼酎の作り方　ピリッとパンチ

以前沖縄に行った時、小さな食堂でチャンプルーを食べました。

注文のチャンプルーが来るまでまわりの人を見ていると、テーブルの上に置いてる透明の液体の入ったしょう油さしを手にとって、それをチャンプルーにふりそそいで食べていました。

私のテーブルにもあったので、手にとってみると容器の下の方には赤唐辛子、いわゆるタカのつめが5～6本入ってるんです。その容器を鼻に近づけてにおいをかいでみると、唐辛子の辛いにおいと泡盛のにおいがツーンとさしてきます。どうやら沖縄名物の焼酎泡盛に唐辛子をつけ込んだものらしいんです。

泡盛には目のないというか、酒と聞いてはじっとしてられない私です。しかも、まだ20歳くらいの超貧乏大学生。さっそくでき上がって運ばれてきたチャンプルーにその唐辛子泡盛をたっぷりことかけ回しました。

すごく辛かったと思うでしょう、違います、熱いんです。英語でいうならＨｏｔです。ただでさえ暑い沖縄で、汗だくになり、頭をボーッとさせつつ、チャンプルーを平らげたものです。

これは20年も前のバカな私であって今じゃ、そんなことはしません。しかし、この唐辛子焼酎は、いつも作りおきしています。泡盛でなく九州の焼酎でもできます。いわゆるホワイトリカーで作れば、クセのない唐辛子焼酎になります。これを20年前の私みたいに使うと頭がボーッとなりますが、肉料理の下味つけや野菜炒めなどの炒め物に使うと、ピリッとしてちょっとエスニックな感じになります。麻婆豆腐や焼き肉の時に少したらすと、さらに旨くなりますからお試しください。

小さめのしょう油さしにタカのつめを5～6本入れ、焼酎か泡盛をそそぎます。そのまま1か月くらいたったら、唐辛子の辛みが出てきてますので料理に使えます。使って減った分だけ後で足しておけば、1年くらいはピリッと辛い唐辛子焼酎を使えるというわけです。

27　梅肉ソースの作り方

体調整え殺菌効果

私は子供の頃から梅干しが大好きなもんで、今でも毎年必ず6月になると梅をつけ、土用干しをして、一年中手作り梅干しを楽しんでおります。朝ごはんの時、一粒の梅干しは欠かせませんが、梅干しは、そのまま食べるだけでなく、さまざまな料理に使えます。

今日は、梅干しを使ったソースを、いくつか紹介してみます。ソースといったって、日本食でいえば、たれでございます。

梅肉をすりつぶして、みりんとほんのちょっとのだしでのばせば、甘酸っぱい梅肉だれ。刺身、おひたしなどにつけて食べると、しょう油とはこれまた違った美味しさです。そして、梅肉をすりつぶしたところに、みそや、つぶしたくるみ、すりごまなんぞを合わせてすってみてください。ほうれん草やわかめ、いか、まぐろなんかを合わせたぬたに使うと、なんともいえない味わいです。

和食の世界では、鍋に酒4合と梅干し4個くらいを入れ、かつお節を加えて酒が1合に減るまで煮きったものを、いり酒といって、料理の味つけに使うこともあります。みりんとはひと味違った美味しいだしができます。

ここまでは、和食ですが、梅肉をすりつぶしたものは、ハンバーグやステーキ、とんカツなどのソース作りにも大いに役立ちます。

薄切りの玉ねぎとにんにくをちょいと色づくまで炒めたら、梅肉と酒か白ワインを加えて煮つめます。ペッパーや塩で味を調えれば、とてもあっさりしたソースになります。ヨーロッパ人は、プラムなどを使いますが、日本人は梅干しでいいのです。

また、焼き肉のたれを作る時、サラダドレッシングを作る時、しゃぶしゃぶのたれなんかにも、梅肉はありがたい味方です。

梅干しは塩分が多いからと敬遠するのでなく、つぶして、たれやソースにすれば、梅干しのいいところを上手に使えると思います。

28 ゆず皮の使い方

かんきつ類の皮で高級感

私の本の読者の方から、ゆずやすだちなどをいただきました。四国の方から、わざわざ宅配便で送ってくれ、ただただ恐縮しとるしだいです。中の手紙を見ると、農薬をまったく使ってないから、皮まで安心して使ってくださいって書いてました。ありがたいことです。こういうかんきつ類の皮は薄くむいて、お吸い物などにポンッと入れると、そりゃまあなんとも言えない香りが立つもんなんです。だから、皮とて絶対に捨てません。余った皮は、よく干して瓶に入れて保存します。干した皮でも吸い物に入れると、香りがパーッと立ちのぼってきますから、ありがたいもんです。

また、この干した皮を小さく刻んだものは、紅茶に少し入れるととてもいい香りの紅茶になるし、草もちみたいに、もちに混ぜてもいいものです。

冬になると、こたつ上に必ずのってるみかんだって、その皮は捨てたもんじゃありません。漢方薬に陳皮《ちんぴ》というのがありますが、これは、みかんの皮のことです。だから、みかんの皮を干して、風呂に入れるだけでなく、食用にもとてもいいものです。ゆずやすだちがない時なんぞ、みかんの皮を薄くむいて、吸い物に浮かせてもなかなかいい香りがします。

戦時中の食生活に関する文献を調べていたら、みかんの皮の佃煮とか、皮入りもちなども登場していました。そこまでやろうとは思いませんが、ただゴミにするよりは吸い物に使ったり、お風呂に入れたりした方が得をした気分です。

変な使い方ですが、みかんの皮って油を含んでいるせいか、フェルトペンのインクを消すこともできます。冷蔵庫についちゃったフェルトペンのインクを、みかんの皮でこすってたら、きれいに消えちゃいました。その皮を吸い物に使……。つくづく変なことばかりしてる私です。

ゆず湯から　上がって鍋物　かぼすだれ

29　干しあんずの使い方

ミネラルたっぷり

あんずって果物、東京ではあまりお目にかかりませんが、干しあんずは、よく売られています。直径3㎝くらいの平べったいおもちみたいなオレンジ色のものです。

近頃では、おやつと言えば、スナック菓子や砂糖たっぷりの甘いものが多いようですが、干しあんずのような自然の甘さもいいものです。あんずに含まれる栄養成分を見ると驚きです。カルシウム、カリウム、リン、ナトリウム、鉄、カロチンと現代人にとかく不足、不足といわれている成分がたっぷりです。わずかな量だけども、なくてはならないミネラル類って何十種類もあるんです。そういう成分を補ってくれるのが、海藻類や、干しあんずなどの干し果実類なんです。ミネラルたっぷりの干しあんずですが、だからと言っていくら食べてもいいとは限りません。干しあんずは糖分が多いので食べすぎると、今度は肥満のもと。そこであんずの上手な使い方をちょいと。

少し甘みをつけた煮物を作る時、砂糖のかわりに小さく切った干しあんずを入れる。

鶏肉やスペアリブをマーマレード煮にするなら、マーマレードのかわりに刻んだ干しあんずで糖分を減らせます。ポテトサラダやパンを焼く時にも、小さく切って入れるとひと味違ってきます。もうひとつありがたいのが、干しあんずの細切りをつけ込んだ酢です。酢漬けにして2日もたてば、甘みの酢になりますので、酢物やドレッシングにぴったんこ。干しあんずを上手に使って自然の甘さをとり入れてはいかがでしょう?　干しあんずは砂糖をまぶしてないものを。

30　プルーンの使い方

砂糖のかわりにプルーンを使う

プルーンって、ご存じでしょうか?

スーパーなどで袋に入って売られているドライフルーツの一種です。単なる甘いおやつと見られがちですが、これが現代人の食生活改善に大いに役立ってくれる上、とことん安いのです。干したあんずもそうですが、プルーンなどのドライフルーツというものは、ミネラルの宝庫といえます。

カリウム、マグネシウム、鉄、銅などが、ぎっしりと詰まっている上、果糖のおかげで甘みもあるし、干してるから保存性もいい。まことにありがたいものです。

特にありがたいのが、プルーンにたっぷり含まれているカリウム。人の体の中では、カリウムとナトリウムとのバランスがとれてなければなりません。

しかし現代人は、塩分や化学調味料のとりすぎで、ナトリウムが多くなりすぎ、ミネラルのバランスがくずれがちです。

そんな時に、カリウムを多く含むプルーンは、絶好のレスキュー食となり、体内の多すぎるナトリウムの排泄に役立ってくれます。

だから、どうせおやつを食べるなら、砂糖や油を使ったお菓子より、プルーンを食べた方が、体には良いでしょう。

しかも、プルーンは単におやつとしてでなく、料理にも役立ちます。煮物に砂糖を入れるかわりに小さく切ったプルーンを入れれば、カリウムなどミネラルたっぷりの甘さですから砂糖よりずっとヘルシー。このプルーンを料理に使いやすくするにはちょっとした下ごしらえが効果的です。

ちぎったプルーンを鍋に入れ、水をひたひたにはって一晩置きます。それを中火にかけ、沸とうしそうになったら、沸とうせぬよう弱火にして、5分でOK。

この煮汁は、甘くフルーティーなシロップみたいなものですから、どんな料理にも使いやすいものなのです。

砂糖がわりにいかがでしょうか？

蒸しパン、まんじゅうなどを作る時、ちぎったプルーンを生地に入れておくと、レーズンパンとはひと味違ったプルーンパン、プルーンまんじゅうも楽しめます。まさに医食同源といった感じのプルーンでした。

31　アップルティーの作り方

りんごの皮と芯を利用する

りんご〜の花びらが〜と、あの美空ひばりさんも歌ってましたが、私は九州で生まれたので子供の頃は、あまり旨いりんごを食べていませんでした。東京に住むようになって本場青森や信州などの旨いりんごを食べられるようになりました。

あたしの場合、野生の人と呼ばれてるくらいだから、りんごなんて皮から芯までガシガシ食べちゃうんですが、普通は皮とか芯は切りとっちゃうもんです。その皮や芯は、というと、まあ、たいてい、捨てちゃうんでしょうねえ。あたしも客人が来た時くらいは皮もむきますし、芯もとります。

だけど、あたしゃ捨てません。恥は捨てても食べ物は捨てんというのが私の食生活観です。

りんごの芯と言えど、一応果実であるから、りんごの甘みも香りもあります。皮だってフルーティーな香りがするでしょ。これを包丁で小さく切り刻んで乾燥させます。晴れた日に、3日も干せば自然にカラカラに乾いちゃいます。こいつを紅茶を入れる時に少し加えれば、とっても香りのいいアップルティーになるんです。紅茶だけでなく、ウーロン茶とか、ドクダミ茶を入れる時だって、この乾燥りんごを入れると、とってもフルーティーな香りになるんです。

パンを自分で作る時とか、蒸しまんじゅうを作る時にも、生地の中に乾燥りんごを入れると、ひと味違ってくるからありがたいもんです。

ただし、りんごの皮を使う場合は、無農薬のものにしてください。またりんごの皮がＷＡＸをかけたように見えるものもありますが、あれはＷＡＸじゃなく自然に出てくるものなので心配せず、よく洗ってお使いください。

暑苦しい　夏の夜中の　アップルティー
アイスで飲めば　あっぷるぷるぷる

32 ミルク寒天の作り方　季節の果物を寒天寄せ

あまりおやつというものと縁のない私ですが、たまにはお菓子作りなんてのもやっちゃいます。と言いましても、低脂肪で、ビタミンたっぷり、ローカロリーなフルーツのミルク寒天寄せというものなんです。

寒天は、棒になったもののほかに近頃では、寒天パウダーなんてのもあります。まあどちらも水に入れ、弱火で煮ると溶けてきます。寒天を弱火にかけると同時にミキサーにコップ３杯の水とスキムミルクとバナナ１本を入れ、よくかくはんします。バナナのおかげでスキムミルクはすごく甘く、まるでバナナシェイクです。

このバナナシェイクを弱火で寒天がすっかりお湯に溶けたところにドロリンと流し込み、よくかき混ぜ、すぐに流し箱にドロリンと流し込みます。流し箱がなければ、鍋でもかまいません。

寒天は冷めるとすぐ固まってきますので、早めに小さく切ったフルーツをポイポイ放り込みます。いちごやキウイ、パイナップル、りんご、なんでもかまいませんから小さく切って入れちゃいます。

これを自然に冷まし、冷めたら冷蔵庫でしっかり冷やします。これをとり出して切れば、うす黄色っぽいスキムミルク寒天の中に色とりどりのフルーツがちらばった、ミルク寒天寄せです。

コップ3杯の水に対してバナナ1本ですが、十分に甘いですし、スキムミルクは脂肪分ゼロ。季節の果物で作れば、とてもヘルシーなおやつになります。ただ、5〜9月の暑い季節はいたみやすいので、早めに食べてください。冷蔵庫からとり出して食べる分量を切り取ったら、すかさず冷蔵庫へ戻すことです。食中毒に気をつけてミルク寒天寄せをどうぞ。

33　バナナミルクの作り方

1本のバナナで3人分

これは割とやってる人が多いと思うんですが、バナナミルクというものです。いちごミルクはメジャーですが、あたしゃバナナミルクの方をよく作ります。

材料はと言いますと、よく熟れたバナナ1本とスキムミルクと氷と水。普通牛乳で作る人が多いようですが、スキムミルクだと脂肪分がゼロだし、ミルクの濃いうすいが思いのままなので、うちではスキムミルクなんです。な～んちゅうて、本当はスキムミルクの方が安いちゅうだけやったりして。

ま、それはおいといて、まず、コップ2杯分より少なめの水をミキサーに入れ、そこにスキムミルクを好みの分量入れます。これでスイッチをポンとやれば、10秒くらいでみごとにスキムミルクは溶けてしまいます。そしたらバナナ1本を3つくらいに折って入れ、再びスイッチポン。今度は20～25秒くらいでOKです。バナナがスキムミルクに溶けちゃうと、スキムミルクがとってもクリーミーになって、上の方なんかフワフワした泡まで立っとります。

このままでなめてみてください。とてもじゃないが、しつこすぎるくらいに甘いんです。そこで氷の出番となります。冷凍庫の製氷皿でできたサイコロみたいな氷を5個ばかりミキサーに入れてまたスイッチポン。これはすごい音がします。ガリバキゴキガキいった後、氷はクラッシュ状態になりますので、そうなったらすぐスイッチを切ります。この間約5〜6秒ってとこです。

このクラッシュアイスが入ったおかげで、超甘バナナミルクもいく分さっぱりして飲みやすくなります。これをコップについで飲むんですが、この分量でバナナミルク約3杯になります。

バナナは疲労回復果物として高く評価されています。夏の暑い時なんぞ、冷たいバナナミルクでリフレッシュしてみてはいかがでしょうか?

カロリーも気になりません。

以前、乾燥バナナというお菓子を人からもらった時、スキムミルクと混ぜてミキサーに入れてみましたが、これはうまくいきませんでした。つくづく変なことを考える人間だと自分でも思っています。

34 「旨みのトレード」のススメ　野菜の味わい倍増

プロ野球の世界にはトレードちゅうもんがありまして、シーズンオフになりますと自分のチームの選手とよその選手を交換しておるようです。料理の世界にもトレードちゅうもんがありまして、これは、ある材料の持ち味をよそへあげちゃうかわりにその持ち味をもらっちゃうというものです。今回は、その味のトレードについてお話ししてみます。

えんどう豆、グリーンピース、ブロッコリーやいんげん、絹さやなどをゆでた後、ゆで汁を飲んでみたことありますでしょうか？　かつお節や昆布とは違った別の種類の旨みが感じられます。少し甘いって感じのゆで汁です。

これらの野菜には、旨み成分のグルタミン酸（えんどう豆に多い）、イノシン酸が多く含まれているからなのだそうです。そうすると、この旨みたっぷりのゆで汁をただ捨てるのでは、もったいない気になるのはしみったれのなせるワザでしょうか？

例えばみそ汁を作る時、昆布や煮干し、削ったかつお節なんかを入れてだしをとりますが、その時いっしょにブロッコリーやいんげん、絹さやなんぞを入れて、ゆだったら引きあげてみてください。

その後にみそを溶かしてみそ汁を仕上げるんですが、昆布、煮干しや削ったかつお節のみそ汁より深い味わいのスープに仕上がっています。これは旨み野菜がみそ汁をより美味しくしたのだと思います。

一方、引きあげた野菜の方はというと、昆布や煮干し、削ったかつお節のだしでゆでてますから、ただ白湯でゆでたのとは大違い。こちらもいっそう旨みを増しています。これが旨みのトレードなんですが、みそ汁に限らずチキンスープ作りにもぜひお試しください。鶏ガラだけでとるチキンスープって正直いってあまり甘みがありませんが、にんじんやじゃが芋、ブロッコリー、いんげんなんかを鶏ガラといっしょにゆでます。ゆだったらどんどん引きあげて、ホットサラダなりおひたしにします。じゃが芋なんてゆだったら引きあげてつぶせばマッシュポテトです。ひとつの鍋でいろいろゆでられた上、チキンスープは格段に美味しくなるんだから、もうかった気分です。味のトレード、お宅の台所でもいかがですか?

第2章　海の恵みのとり入れ方

魚介類

35　あじの酢じめの作り方　簡単にできる保存食

最近は、魚をおろせないと思い込んでる人が多いようですが、魚なんて10匹もおろしてみれば、一応どうにかなるもんです。

あじやいわし、さんま、さばといった近海でとれる魚は、安い上にＥＰＡやＤＨＡをたっぷり含んでいますから私たちには、ありがたいお魚です。今日はあじを一度にたくさん買って、次の日、またその次の日と使い回す料理です。

新鮮なあじは、買った当日、まず刺身や塩焼きで美味しく食べられます。さて、その日に食べきれない分を、明日以降の保存食にしちゃいましょう。

あじの酢じめ

- あじのゼイゴと頭、腹ワタをとったら三枚におろして、塩をふります。
- タッパーに入れて、2～3時間冷蔵庫に入れておきます。

・それから、酢をひたひたまでそそいで再び冷蔵庫に戻しておけば、次の日やもう一日たっても酢じめのあじが食べられます。

食べる時は、皮をむいてお刺身のように細く切ればいいだけです。塩と酢でしめているため、しょう油は必要ありません。わかめやきゅうり、うどの薄切りといっしょに盛りつけてみてください。

また、酢でよくしめたあじは、すしネタとしても旨いものです。細く切ればちらしずしや五目ずし、にぎりずしのネタとしても、トロリとろけるようでなかなかのものです。

生の魚を塩や酢でしめる場合、気をつけなきゃいけないのが、食中毒です。あじは鮮度のいいものを買い、買って帰ったらただちにおろして、すぐに塩でしめること。間違っても、買ってきたまま冷蔵庫にずっと入れておくなんてことはいけません。

そして、まな板、包丁、タッパーなどの器具類はよく洗ってから使うことです。塩じめの塩もうすいといたみやすいので、少し多めにふってください。どうせ酢に溶けちゃいますから、あまり気にしないことです。次はこの続きとまいります。

36　あじの酢じめの使い方　使い回せる保存食

あじを三枚におろして塩でしめ、そして酢漬けにすれば2〜3日は、美味しく食べられます。というのが前項の話でしたが、今回は、その続きなんです。あじを買った日が刺身、2日目が酢じめの酢の物やあじのすし、とくればさすがに3日目ともなると、ちっとはあきちゃいます。

あきてるのに、がまんして食べるのはつらいものなので、そんな時はさっさと冷凍にしちゃいましょ。あじを酢から引きあげ、ラップでくるんで冷凍にします。1週間〜10日くらいの冷凍でしたら解凍した後、酢の物やちらしずしなどで美味しく食べられますが、あまり長く冷凍にしておくと、冷凍特有のにおいがついてよくありません。

そんな時には、解凍したあじをグリルで焼いてみてください。皮を上にしてうっすら焦げ目がついたらひっくり返し、裏側は軽くあぶる程度。酢でしめたあじを焼くなんて変と思われるかもしれませんが、これがまあなかなかに上品でいけるんです。みそ漬けにした魚を焼くと美味しいように酢漬けを焼いても美味しいんです。

昔、冷蔵庫がなかった頃、お正月用にこの手を使ってたんです。年末は28日か29日で市場が終わります。その日に仕入れたあじやこのしろ、こはだなどを三枚におろして、たっぷりの塩で塩漬けにします。次の日に塩をはらって、今度は酢漬けにしますと、これで何とかお正月には酢じめのお刺身が食べられたというわけです。そして、正月の2日、3日になると今度は、その酢じめを炭火で焼いて食べるんです。

私の実家は古典料理屋ですから、今でもお節《せち》には、そんな料理を入れています。とれたばかりのあじで作るお刺身は新鮮さを味わう刺身。塩や酢でしめたものは、熟成した旨みを味わうもの。あじが安い時にどどっと買ってやってみてください。

37　魚の干物の作り方

おうちで手作り

あじの干物におろし大根、あついみそ汁にあつあつごはん。日本人の朝ごはんって感じです。

あじに限らず、干物は手軽な保存食として重宝されてきましたが、冷凍や冷蔵の技術が発達したのと交通の便がよくなったのとで、干物の出番は減ってきました。山の中にいても新鮮な刺身が食べられるようになった今日、干物を食べる必要はないとでもいうのでしょうか。刺身は刺身、しかし、干物は干物の旨さがあります。私は料理屋育ちで、毎日のように生きのいい魚の刺身を食べていましたが、干物のあぶったのは、また別の美味しさでした。一度自分で干物を作ってみると、作りたての干物って、「こんなにも旨いものなのか‼」と感心すると思いますので、簡単な作り方を紹介したいと思います。

干物にするには、まず魚を開きます。最も簡単なのがいわしの手開き。頭と腹ワタをとったら親指を腹からつっ込んで中骨に沿って尾っぽまでずらすと簡単に開きになります。これに塩を表裏、均等にふったらざるにのせるか、洗濯ばさみでつるすかして一日干します。太陽に当てるより、陰干しで風をよく通した方が、美味しくできます。

丸一日干せば水分が抜けて軽くなりますので、後は弱火であぶって食べます。生のいわしに塩をふって焼いたものは水分も多く、身もやわらかですが、一夜干したものは、身がしまっています。しかし、旨みはグーンと増してることは間違いありません。普通干物を作る時は開いた後、海水くらいの塩水に一晩つけてから干すんですが、めんどうであれば、このように塩をふって干してもできます。もっと横着するなら、塩をふったいわしをざるにのせ、そのまま冷蔵庫に入れると丸一日でしっかり乾きます。どんなやり方でも、あじやさんまなどの魚でも一度作ってみてください。けっこうはまっちゃいますから。

38　干物ふりかけの作り方

しょっぱい干物のリサイクル

あたしの友人たちは酒飲みが多いですから、酒持って遊びに来る時に、酒のさかなまで持ってきます。なかでもひとり、必ず魚の干物を持ってくる男がいるんです。あじの干物、５枚１パック６００円なんてのを買ってくるもんだから、２人で１枚ずつ食べても３枚余っちゃう。まあ、次の日に焼いておかずにするんですが、さすがに連日食べるとあきも来ます。

それにしょっぱい干物でしたら、ひとり1枚食べると塩分もちょいと気になっちゃいますがな。そんなわけで、こいつをちょいといたずらして保存食にしてみました。

干物のふりかけ

- あじの開きを軽くあぶります。あぶれば身は指で小さくちぎれます。
- 熱いうちにあちちち言いながら、小さくほぐしたら、フライパンに入れ弱火でゆっくりいりつけます。
- この時に干しておいたしその葉、梅といっしょにつけた赤じそをよくしぼってみじん切りにしたもの、そしてごまをたっぷり入れて、カラカラになるまでいりつけます。
- ごまがひとつふたつ、パッチーンとはぜてきたらでき上がり。

これが干物で作ったふりかけです。

ちょっとしょっぱい干物も、ほぐしてしまえば一度に食べる量が少なくなって、塩分も気になりません。栄養たっぷりのごまやしその葉の入った手作りふりかけ。瓶に詰めて冷蔵庫に入れとけば、かなり日持ちもします。
残りごはんを茶碗に半分ほどよそって、この干物ふりかけをパララとふって、熱い番茶さっとかけ回して、もみのりなんぞパラッとふると、たまりませんなあ、酒飲んだ後なんざ、最高ですがな。

ふりかけは　作るものだと　信じてた
のりたま見た時　びっくりぎょうてん

39　ねぎま焼きの作り方
元祖ねぎまはまぐろの〝ま〟

唐突ですが、ねぎまってご存じでしょうか？　よく焼き鳥屋さんの品書きにねぎまって書いてありますが、あれは鶏肉とねぎを交互に串にさして焼いたものでして、古い文献を見ていると、そのころのねぎまって、ねぎとまぐろのことだったようです。
昔はねぎま鍋という料理があったようでして、それはぶつ切りにしたねぎとまぐろをすき焼きみたいなやり方で煮て、フーフー言いながら食べるのだそうです。私も寒い時にやってみましたが、とってもシンプルで旨かったです。あまりごちゃごちゃ入れず、ねぎとまぐろだけというのがいいみたいでした。

それからもうひとつ、ねぎまと呼ばれているのが、まぐろとねぎのぶつ切りを交互に串にさしたものです。これが近年になってまぐろのかわりに鶏肉ってなったんじゃないでしょうか？　こちらのねぎまは、今の焼き鳥と同じように直火で焼いて食べます。さっぱり食べたいのなら塩焼きですが、そこはそれ、しょう油と相性のいいまぐろです。しょう油をはけで塗りながら焼くと、とてもこうばしく焼き上がります。

冷蔵庫のなかった昔は、さくどりにしたまぐろをしょう油の中につけ込んで運び、それを引きあげて腐らないようぶつ切りにしてねぎまにしたという話もありますから、まぐろのぶつ切りを先にしょう油漬けにしておいてから串にさすのもいい手かもしれません。この、まぐろを使ったねぎまは鶏のねぎまと違って、まぐろの鮮度さえよければ半生でも食べられますが、夏場の食中毒の多い時は、しっかり焼いた方が賢明です。焼く時には、ねぎとまぐろが同じように焼き上がらないとバランスが悪いので、まぐろを切る時はねぎと同じくらいの大きさに切ってください。

これなら、ねぎの表面に焦げ目がついた頃、まぐろは焼き上がっています。まぐろの刺身が余った時なんかは、一晩しょう油漬けにしておけばいたみにくいし、それを翌日焼くと味がしみて美味しく食べられます。

40　ねぎトロ丼の作り方

まぐろのあらでここまでやるか

近所のスーパーマーケットの魚売り場を眺めていると、まぐろのあらが大きなパックにいっぱい入って200円で売っていました。ピンク色の鮮やかなあらと、血合いのところ、つまり、赤身と黒っぽい部分のあらが、半々くらいで入っています。これ見て買わぬ私ではありません。さっそく買って帰りました。

ピンク色の部分は、まぐろの腹に近い部分でいわば大トロのすぐ近くです。大トロとの違いと言えば、スジばっていて食べにくいということだけなんです。ということは、食べやすくすれば、こりゃもう大トロですがな。さっそく、このあらを大トロに化けさせちゃいましょ。

ピンク色のあらをまな板にのせ、スプーンでもってまぐろの身をかきとります。まぐろってとてもやわらかい身ですから、おもしろいように身がかきとれます。かきとった身は、片っぱしからボウルにとります。

まな板の上には、白いまぐろのスジだけが残っちゃいますが、スジだからといって、捨てちゃいかんです。このスジをぐらぐら沸き立つ熱湯にポイッと放り込んで約5秒、サッと引きあげ、そのままポン酢につけておきます。これが、あのかたいスジかと思うほどやわらかくなっておりまして、ポン酢に合うんです。

さて、かきとった身の方を忘れてちゃいけまっせん。鮮度のいいまぐろのあらでしたら、そこに刻んだねぎを加えてよくかき混ぜれば、ねぎトロのでき上がりです。もともとねぎトロって、こうしてかきとった身で作るものなんです。このねぎトロをあつあつのごはんにのせ、わさびと切ったのりをあしらって、しょう油をタラリンコンかけて食べてみてくださいませ。下手な赤身の鉄火丼よりはるかに旨いもんなんです。また、すしめしがあればこのねぎトロを芯にして鉄火巻きなんかすぐにできちゃいます。

もし買ってきたあらの鮮度が少し落ちてるようでしたら、生で食べるのはあきらめて、火を通して食べます。かきとった身にみそと小麦粉を少し加えて、よくこねたものは魚の肉団子として総菜や鍋物に使えます。また、塩と小麦粉を加えてハンバーグにしても美味しくいただけます。さて次は、今回使わなかったまぐろの血合いを料理してみます。

41　ねぎまの作り方

まぐろのあらでここまでできる

１パック２００円のまぐろのあら、ピンク色のあらは昨日ねぎトロにしたり、肉団子やハンバーグにしちゃいましたので、今回は赤身と黒っぽい血合いの部分です。これはさすがにねぎトロ巻きには使えません。

買ってきたら３㎝くらいのぶつ切りにしてタッパーに入れ、しょう油をまぶしておきます。この時しょう油だけでなく、お酒やみりん、昆布などを入れておくといっそう美味しくなります。丸一日くらいこうしてつけておいたあらは、いろいろな総菜に使い回せます。例えば、鍋物の時にこのあらとねぎをたっぷり入れると、これがねぎま鍋です。まぐろはすぐに火が通るのでかたくならないうちに早めに食べます。

次にねぎま焼き。つけ込んだまぐろのあらとねぎを交互に串にさしてじか火で焼きます。前々項で触れたように、焼き鳥でねぎまというのがありますが、もともとねぎまはねぎとまぐろのことだったらしいのでこれが元祖ねぎま焼き。

さて今度はお弁当のおかずにぴったりの照焼きです。照焼きにする場合は、つけ込む時にみりんや砂糖、ハチミツなどを少し加えておいてください。つけ汁から引きあげガステーブルのグリルで焼くのですが、フライパンでも焼けます。フライパンで焼く場合は必ず弱火にすることと、ふたをすることが大切です。強火でふたなしだと、表面は焦げて、中は生という情けない結果になってしまいます。

次はホイル焼きです。アルミホイルにつけ汁から引きあげたまぐろのあらをのせ、しめじやピーマン、玉ねぎやねぎなどありあわせの野菜をたっぷり盛り合わせて、ホイルをとじて蒸し焼きにします。これはかなりゴーセイに見え、野菜もたっぷり食べられるお総菜です。

さて、最後に残った少しのあらとつけ汁でしょうが煮をやっちゃいましょ。タッパーに残ったあらとつけ汁を鍋に入れ、薄切りしょうがを加えて弱火で煮ます。味が濃いようでしたらねぎをドサッと入れたり、白菜を入れたりして調整してください。まぐろのあらも酒やしょう油につけちゃうと、何日も保存でき、いろいろな総菜に化けちゃうんでした。

42　げその使い方　安くて旨い

子供ン頃からいかが好きでした。いかの胴体は、刺身にしてわさびじょう油でしょ。げそって言ってる足は、いかの肝といっしょにたたいて手作りの塩辛ですがな。それにいか焼きだの煮つけだの、何にしても旨いんですが、やっぱりいちばん好きなんは刺身です。東北で食べたいか、トロケそうでした。ハイ。

近頃はスーパーに行くと、いかそのものじゃなくて、いか刺身というのがパックにされて売られてます。足をとって、皮をむいているどころじゃなく、ちゃーんと細造りの刺身にまでなっててんです。なるほど、これを買って帰って皿に移せば、お刺身のでき上がりっちゅうことなんでしょうね。

と感心するのも束の間、これだけたくさんいか刺身パックを作るっちゅうことは、いかげそだってたくさん出たはずじゃ、と思い血眼で探したところ、魚売り場の片すみにひっそりありましたがな。

まあ、ひっそりあるだけに、その値段もこれまたおくゆかしい。5〜6杯分のいかげそがぎっしり詰まって1パック198円。いか刺しが1パック300円というのに比べてこの安さ。これ見て買わない私ではありません。さっそく買って帰りました。

さて、5〜6杯分のいかげそともなれば、とても一度では食べられません。1杯分ずつラップにくるんで冷凍です。いかのいいところは、冷凍にしても、ほとんど味が変わらないところ。解凍するのもかーんたん。湯沸かし器の湯をかけながら手でもむと、すぐにほぐれます。

熱湯にさっとくぐらせて冷水にとったら、げそぬたや刺身として美味しく食べられるし、野菜炒めや煮物に入れるとひと味違ってきます。串にさしておでんの種、鉄板焼きやお好み焼きにもすぐに使えてとっても便利。

世間の皆さん、いかはぜひ刺身パックをお求めください。そうすれば、安くて旨いいかげそは、すべて私のものでございます。

七輪で　あぶってしょう油　いかのげそ
たこより　得した　2本多い

43 するめの使い方

削って使う

お酒はぬるめの燗《かん》がいい～♪　さかなはあぶったいかでいい～♪

居酒屋や屋台では、あぶったするめを小さくさいたものにしょう油やマヨネーズをつけてお酒のつまみになっております。あたしの子供の頃、するめっていうと正月の鏡もちにへばりついていた、そりゃもうかたいもんでございまして、あぶって口に放り込んだところでなかなかやわらかくなりません。噛めども噛めどもかたいまんま、いい加減あごが疲れ、エイッゴックンとのみ込んでしまうのがおちでした。

近頃なんざ日本中どこへ行っても生のいかが食べられるもんだから、するめってえのもあまり料理に使われませんが、どっこいするめには生いかにない深～い旨みがたっぷりなんでありまして、こいつを料理に使わぬ手はありません。とは言ってもかたいするめのこと、あらかじめ下ごしらえをしておかんと使いにくいものなんです。

さてその下ごしらえとは、するめをかつお節削り器でもって薄く削っちゃうというものです。これはかつお節を削るよりもっと簡単にスーパスパ削れます。もしかつお節削り器がなければはさみで切ってもかまいません。削ったり切ったりする方向は図のようにしてください。こうして削ったり切ったりしたするめはいたまぬよう広口瓶やタッパーなんぞに入れて、台所に置いておきます。

・削り（切り）するめの使い回し。

①野菜炒めや八宝菜などに入れる。かたいするめも削っているとやわらかいから水で戻す必要なし。野菜といっしょにポイポイ中華鍋に放り込んで炒めちゃう。

②魚のすり身団子に入れる。ささがきごぼうやにんじんといっしょによく混ぜてつみれにする。

③お好み焼きに入れる。焼きそばにも抜群に合う。

④きんぴらごぼうの時、ごぼうといっしょに炒める。
　いやはやあげだすときりがありません。

1枚のするめでも削っちゃうと1ℓ入りの広口瓶いっぱいになり、あれこれ使い回しても2か月持ちました。料理に旨みをつけてくれる上にとっても経済的、それに薄く削っているからやわらかく、歯の悪いお年寄りでも食べられます。前にラジオでこの削りするめの話をしたら、あるおばあさんから30年ぶりにするめを味わえたってお便りをいただきました。うーん、ハートウォーミングストーリーじゃのう。するめはあぶって酒のさかなじゃなく、削って料理にお使いくださいまし。

オイおめえ、するめ　うめえは　当たりめえ
削って使えば　食べすぎ　なるめえ

〈するめの削り方〉

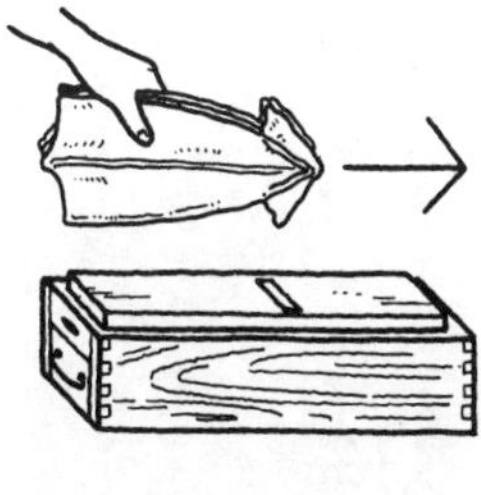

束ねたするめを矢印（するめの繊維に直角）に削る

44　するめの足の使い方　大豆とひじきで

私はするめをかつお節削りのかんな箱で削って、それを炒め物や、煮物なんぞに使っております。かんな箱で削ると、いとも簡単にスパパパと削れます。でもするめの足となると、これは危険なものがあります。あげな細い足を削ろうとすると、こりゃ一歩間違えると、自分の手を削ってしまうことにもなりかねません。これでケガして病院に行ったら医者に笑われます。笑われたくないのですするめの足は削らず、そのまで料理に使っています。と言っても、カッチンカッチンにかたいするめの足ですから、ちっとやそっとでは食べられません。そこでおすすめが、大豆とするめの足の煮物。

大豆とするめの足の煮物

- 大豆は一晩水につけて戻しておきます。

・この時にするめの足もいっしょにつけておくとやわらかくなる上、するめの旨みが水に溶けています。
・このまま弱火にかけ、20分もたてば、大豆もするめの足も、とってもやわらかくなっちゃいます。
・そこで、戻したひじきをドドッと入れ、しょう油とみりんで味を調えます。そうして、落としぶたをして5～6分煮たら火を止めます。

これで完成なんですが、でき上がった段階で煮汁がたぷたぷしないよう、最初の水加減をよく考えてやってください。煮汁が多すぎると、どうしてもしょう油をたくさん使っちゃうことになり、残った煮汁でおからを煮るはめになりかねません。

このするめ、大豆、ひじきって組み合わせは、するめってこんなにも旨みがあったのネ、というくらい強烈な旨みの煮物に仕上がります。冷めたのも、味がよくしみ込んで旨いですから密閉できる瓶に入れて冷蔵庫に入れておれば、作りおき総菜として重宝します。

大豆にひじきにするめ、こんな健康食品が、信じられんほど安いんですからぜひ一度、お試しください。

かんな箱　まめにするめを　削ってる

45 いか肝スパゲティーの作り方

こってり旨い和風テイスト

あたしはよく人から変だと言われますが、外国にも変人はた〜くさんおるようでして、いや、外国の方が変人は多いかもしれません。あたしなんざ、外国に行ったら変人どころか、とても常識的な人と言われる……わけはないでしょネ。こんなのを書いとるくらいですけん。

あたしが言いたかったのは、ほれ、あのイタリアあたりのいか墨スパゲティーですがな。ゆでたてのスパゲティーにいかの墨をからめて食べるという、「お前ら、何考えとるんか?」と聞きとうなるよなスパゲティー。

でも、あれけっこう旨いんです。沖縄でもいかの墨のたっぷり入ったごった煮みたいな料理を食べましたから、いちがいにいか墨の真っ黒を非難してはいかんとです。

いか墨スパゲティーが許されるくらいだから、いか肝スパゲティーだってあってもよかろうもん、と考えたあたしは、即やってみたとですよ。次項でお話しするように、するめいかの肝ってとっても大きいんです。

いか肝スパゲティー

- するめいかの肝をボウルにしぼり出して、フォークでよくかき混ぜます。
- そこにゆでたてのスパゲティーをドバッと入れます。
- 塩、こしょうしてしっかりかき混ぜればでき上がり。

いか1杯で2人分は楽に作れます。いかの肝は生ものですから、人によってはそのにおいがいやかもしれません。そこで薬味の登場です。

おしゃれなところでバジル、粉チーズ、そして刻んだねぎやエシャロット、なければスライスした玉ねぎ。不思議な感じですが、青のりのもんだやつなんかもよく合います。刻んだしその葉とレモンをしぼったのなんかもたまりません。

次項で紹介するいかの塩辛でも、このスパゲティーはできます。塩辛は酒のさかななどと言わず、もっと楽しく使い回してくださいまっせ。

いかの塩辛でスパゲティーをあえる場合は、塩辛を今一度、包丁で小さくたたいてからあえてください。市販の塩辛だと、ちょいと甘ったるいかもしれません。

46 いか塩辛の作り方 すぐにできて、すぐ食べられる

スーパーや魚屋さんで、いかの刺身のパックをよく見かけますが、あれだけ刺身を作っちゃうってことは、かなりの量のいかの肝が出るはずです。いかげそのパックは見たことがありますが、いか肝のパックはお目にかかっておりませんので、きっと処分しているのでしょう。

数あるいかの種類の中で日本近海で最もよくとれるのがするめいかで、このするめいかの肝はすごく大きなものです。するめいかを刺身で買うんじゃなく、丸ごと買ってくれれば刺身のほかに塩辛までできちゃうんだから、まあひとつやってみてはいかが

でしょう。

いかの塩辛

・するめいかを洗ってから、足の部分をムンズとつかんで引っぱると胴体の中の肝が足といっしょに出てきます。

・この肝のはじっこを少し切って肝をしごくと、プルンッとした肝が袋から出てきますので、ボウルにとっておきます。

・次にいかの足＝げその吸盤を親指のつめで洗って、吸盤の中のかたい部分をとります。

・そうしたらげそをまな板にのせ、包丁で小さく切ります。お年寄りの方は、食べやすいようにできるだけ小さく切ってください。

・小さく切ったいかげそを肝の入ったボウルに入れ、塩を少々加えてかき混ぜると塩辛のでき上がりです。

何日かで食べきっちゃうなら塩は少なめ、保存用にするなら少ししょっぱめにしてください。また、塩のかわりにみそを入れると、これまた旨い。みその塩辛だったら作ったその場で、すぐ食べても生臭くなく食べられます。

塩だけで作った塩辛は、1〜2日たってから食べます。食べる時に少しゆずやレモンをしぼるといい香りです。もしこうじが手に入るようでしたら、こうじを少し加えた塩辛もやってみてください。ほんのり甘みのある塩辛になります。

塩辛の保存はきれいに洗った瓶がいいようです。長く保存するのでしたら、2日に一度はきれいな箸か、スプーンでかき混ぜてください。

次は、この塩辛を使った漬け物をご紹介します。

47 キムチ風漬け物の作り方　塩辛利用で即席漬け

前項はするめいかで塩辛を作ろうって話でしたが、今回は、その塩辛を使った漬け物のお話です。漬け物に使う時の塩辛は、あまり甘塩ではいけません。ちょっとしょっぱめに作っておいてください。お隣の国、韓国で漬け物と言えばキムチです。私は韓国に近い北九州市で生まれたので、小さい頃キムチをよく食べました。白菜に唐辛子、そしてあみの塩辛なんぞを入れて漬け込んだキムチは、ピリッとしていくらでもごはんが食べられそうな漬け物です。

本場では、何か月もつけ込んでおいてから食べるのですが、今回のは、作ったその日に食べられる即席キムチ風漬け物とでもいうものです。

材料ですが、まず白菜を用意してください。白菜は一口大にざくざく切っておきます。後は好みの野菜でけっこうです。大根やにんじんは、できるだけ細くマッチ棒みたいに切ります。

キャベツのざく切り、きゅうりの薄切り、要するに、生で食べられる野菜なら何でもOK、ということです。さて切った野菜をボウルに入れ、塩をパラパラとまぶしたら、両手でもってエイエイと野菜もみを始めます。すると、塩が回ってきて野菜がしんなりしてきます。にんじんや大根がしんなりしてきたら、野菜をよくしぼってざるにとり、出てきた水は捨てます。これで下ごしらえは終わり。

次にボウルの中に調味液を作ります。しょう油を少しと細く切った昆布、またはおぼろ昆布、おろしたりんご、韓国産の粉唐辛子。これはあまり辛くないのでたっぷりと入れ、そこにいかの塩辛を加えて、よくかき混ぜます。この調味液に塩もみした野菜を入れてあえればでき上がりです。昆布や塩辛の旨みが野菜にしみ込むのに半日くらいかかりますが、その頃にはりんごの甘さもうまく溶け合っていて、今日作ったとは思えないくらいの即席キムチ風漬けに仕上がっています。しらす干しや、おろしにんにく、おろししょうがなんかも好みで入れてみてください。

48　魚のみそ焼きの作り方

みそを塗るだけ

魚離れが進行していると、いろいろな調査機関でいわれていますが、それでも子供たちに好きな食べ物をアンケート調査すると、にぎりずしが1位のようです。どうやらこの魚離れって、魚を食べるのから離れてるんじゃなく、お母さんたちが魚を調理することから離れてるっていう意味での魚離れみたいです。やれやれ。ではいたって楽な魚料理でもやって、魚離れに歯止めをかけましょうか。

みそとみりんを用意してください。魚のみそ漬けです。魚は切り身の魚でも、おろしたいわしでも、ぶりのあらでも大丈夫。これらの魚に塩を全体にふって1〜2時間置いておくと、魚の水分が出てきます。そうしてからみそ漬けです。みそ床を作る時は、みその上にガーゼを敷いてから魚を並べると、とり出す時、みそがくっつかなくて便利ですが、めんどくさかったら、小さなタッパーにみそを入れただけでもできます。

みそは赤みそ、白みそなど好みでどうぞ。そのみそにみりんを少し加えてのばしたらタッパーに入れ、その中に魚をぐぐっと押し込みます。2〜4日たてば食べられますが、だいたい1週間くらいまでなら大丈夫です。みそからとり出し、まわりについたみそを指で落としてから焼きますと、うっすらとみその焦げるにおいがして食欲をそそります。

もっと手を抜こうと思う人は、買ってきた切り身にそのままみそを塗りたくって、2日ほど冷蔵庫に入れといてから、みそをとって焼くのがおすすめです。塩でしめていないのでみそが水っぽくなっちゃいますから、このみそは1回こっきりしか使えません。

どうせ1回こっきりなら、買ってきた切り身に薄くみそを塗って1時間置き、みそがついたまま弱火で焼く方法もあります。ちょっと焦げたみそが、またこうばしいものです。魚とみそ、お試しください。

49 骨みその作り方　どうせ捨てる魚の骨なら

いわしとかさんまの刺身ってあたしゃ大好物なんです。近頃は流通がよくなってとっても鮮度のいいいわしやさんまが、東京でもバンバン手に入りますから刺身や酢の物で楽しんでおります。

さて、刺身といえば当然のことながら、三枚におろすわけですから、中骨ちゅうのが残りますわなあ。それに、いわしの腹の中にたらこのミニチュアみたいないわしの卵が入ってることもあるんです。恥は捨てても、食べ物は捨てられないという私の悲しい性《さが》が、こんなのを作らせました。

骨みそ

- 中骨をまな板の上に置きます。出刃包丁でもって骨を小さく小さく押し切りにします。最初はゴリッゴリッって音がしますが、そのうちにドロドロになってきますので、すり鉢にとってよくすります。ここでいわしの卵も加えてするんです。
- 中華鍋を弱火にかけ、このすった骨を入れて木べらでかき混ぜながらいりつけます。いわしの脂がジュワーッと出てくるので焦げつきはしません。
- 骨の半分くらいの量のみそと、薬味としてさんしょうや唐辛子を少し入れ、よくいりつけますと、水分がとんで、ネットリした骨みそのでき上がり。

すりつぶした骨の中から出てきたエキスと、みそがうまく調和して濃厚な旨みです。ごはんにのせてもいいし、豆腐にのせても最高。みそあえを作る時にもなかなかなもんです。

いわしの中骨というと、油で揚げて食べるというのが一般的ですが、高温に熱した油の過酸化脂質は体によくありませんし、今の日本人は明らかに油のとりすぎで生活習慣病なんかを呼び込んでいます。出刃包丁とすり鉢で、骨みそ、一度お試しください。

すり鉢ゴリゴリやるとけっこう体を使います。あなたも骨みそ作りダイエットはいかが？

骨みそで　すり鉢　すりこぎ　ダイエット

50 ぬたの作り方　アッという間のごちそう

日曜の夕方なんかで、今日はちょいと早めの晩ごはんにしようなんちゅうて、お刺身を引いてたら、お友達が何人か来ちゃったなんて経験ありませんか？　お友達が来るのは楽しいことですが、食事作りの真っ最中だと、どちらもきまり悪いものがあります。

私の場合、２人分の刺身を用意してたところにお友達が２人来ちゃったもんですから、これを４人で分けるとなると、１人分は情けないくらい少なくなっちゃいます。かといってあたしらはいいから、君たちどうぞというほどあたしゃ人間ができておりませんし、逆に刺身はわしら、君たちはめざし、といえるほどの度胸もありません。しかしそこでめげないのが私ら台所レスキュー隊、少ない刺身をゴージャスに化けさせてこそ、プロというものです。こんな時の切り抜け術がぬた料理です。

お友達がピンポーンとやってきたとたんに、鍋に水をはって火にかけます。と同時に、すでに引いてある刺身には酢をかけ回しておきます。ぬたで使うみそは、普通のみそに練り辛子、ゆずのしぼり汁、みりんを加えてよくかき混ぜて作ります。

そうこうしているうちに鍋の湯が沸いてきました。塩わかめをぬるま湯につけて戻しはじめます。絹さやとかほうれん草、小松菜、白菜、長ねぎ、それらがなければ、キャベツだろうが、ブロッコリーだろうが、かまうことありません。熱湯でサッとゆでたら冷たい水にとってよく冷まします。生で食べられるきゅうりや、みょうが、セロリ、オクラなどをスライスして、軽く塩をふりましょ。さて、塩わかめの塩が抜けたら、しぼって切り分けます。

ゆでた野菜もよく冷ましたら、しぼって切ります。これらを１人分ずつ小鉢か深皿に盛りつけ、そこに酢をかけといた刺身をちょこんちょこんと並べて、最後に合わせみそをドロンとかければ、少なめの刺身でも立派なぬたに大変身ってことでございます。食べる時に、細く切ったのりや、すりごま、七味などを薬味としてのっけてください。

とてもボリュームのある一品のでき上がりです。

それにしても、うちに来るなら、前もって電話くらいしてくれよ。

51 残った刺身の使い方　残り物が弁当代を安くする

あたしゃ食べ物を残すということ、ほぼありません。よそさまでいただく時も、出されたものは必ず食べることにしとります。それに、自分で作る時は、食べきれる分量しか作りませんから、「もう、これ以上は食えんワイ」なんちゅうこともありません。

でも、人が集まった時なんぞは、少し多めに作りますから、後で残りものが出ることだってあります。先日も人が集まってお刺身を食べましたが、最後に刺身が10切ればかり残ってしまいました。無理して食べるのはいやだし、かと言ってそのまま冷蔵庫に入れたって、もう引いちゃった刺身ですから、いたんじゃいます。そんな時、われわれ台所レスキュー隊では、次の日の弁当のおかずに化けさせちゃうんです。
まず、残った刺身をタッパーに入れ、しょう油をちらちらっとかけ回してから冷蔵庫に入れておきます。これだと、しょう油の塩分のおかげでいたみにくくなります。これを次の日の朝料理しちゃうんですが、最も簡単なのが、フライパン焼き。フライパンに油をうっすらひいてこのしょう油漬け刺身を焼くだけです。しょう油でつける時に、みりんや砂糖をちょいと入れておくと、このフライパン焼きは照り焼きに変身します。

照り焼きの時は、仕上げにごまをふると、バッチシ決まります。また、このしょう油漬け刺身に片栗粉とか、小麦粉をまぶしてちょいと多めの油でもってフライパン焼きすると、から揚げ風に仕上がり、お弁当のおかずには最高です。

また、しょう油漬けでなく、ウスターソースにつけておいた刺身に、パン粉をつけてから多めの油でフライパン焼きしますと、これはサンドイッチなんぞにも十分に対応できるおかずになっちゃいます。

お刺身といえど、あの手この手、猫の手、孫の手を駆使すれば、残り物でおかずができちゃうんでした。

52 洗いの作り方　暑い季節にさっぱりと

お刺身料理のひとつに洗いというのがあります。

こい、鯛、ひらめ、こういった魚を刺身に引くとき、庖丁で薄くそぎ切りにしたものを冷たい水でしめたものです。

大きなおけの中に氷と刺身を入れ、水道の蛇口を半分ふさいで強烈な水流をおけにたたき込みますと、刺身と氷が、その水流で上へ下への大騒ぎ。冷たい氷と勢いのある水でもってしめた刺身をざるに引きあげて、乾いたふきんで水けをふきとると、チリヂリと身のちぢんだ洗いができるんです。鯛やひらめの洗いの時は、しょう油より少しさっぱりしたポン酢なんかがいいですね。こいの洗いにはよく酢みそが使われますが、ポン酢でもいけます。

この洗いってのは暑い季節によく作られます。熱くって脂っぽいものがちょいといやだなって人が考えた料理なのでしょう。冷たい氷にさらすことで脂気は抜けるし、身は冷たくしまってとても涼しげです。さて、洗いにする魚は鯛やひらめのような白身の魚が中心です。まぐろやかつおだと身がボロボロにくずれるし、はまちやぶりは脂が強くって美味しくありません。

しかし、そこでまた変なことやるのが仁ちゃん。いわしの洗い、これがバカうま。

いわし洗い
・真いわしをおろして皮をむき、薄くそぎ切りにします。
・ボウルか鍋に氷を入れ、水をたっぷりはります。そこにそぎ切りいわしを入れ、菜箸でゆるゆると2～3度かき回したら5分ほど放っておきます。そうすると氷水の表面に脂が浮いてくるし、氷水は少し白っぽくにごってきます。
・これをざるに引きあげ、水けをふきとったらでき上がり。

いわしの臭さが氷水に抜けてさっぱりしてますから、ポン酢やレモンじょう油でどうぞ。

以前、魚嫌いの女性に出したら喜んで全部食べちゃったほどです。今度は彼女にこいの洗いを出そうとたくらんでるあたしゃ、もしかしたら恋の病かもしれません。

53 いわしの梅煮の作り方　保温調理のいわしで健康

近頃、ＥＰＡだのＤＨＡだのとよく耳にします。エイコサペンタエン酸、ドコサヘキサエン酸というのが正しい名前なんですが、これをとってると血液中に血栓ができにくくなるってんで生活習慣病の予防なんかに大モテなんでございます。

身近な食品でこれらを多く含んでいるのがいわしでございまして、本書でも、何度も登場する、私ら庶民の魚です。いわし料理なんてひとつひとつあげてたらきりがありません。ウソじゃなく、本一冊くらいすぐに埋まってしまいます。ですから今日は、誰がやっても失敗なしのいわし料理をひとつご紹介しておきます。

いわしを煮る時によくしょうがを入れます。そしてしょう油や砂糖で甘辛くコトコト煮る方が多いのじゃないでしょうか？　肉や魚はコトコト煮れば煮るほど、身がかたく煮しまってしまうばかりか、独特の臭さがどんどん増えてきます。その臭さを隠すためにしょうがを入れたり、しょう油や砂糖で濃い味つけしたりするんじゃないでしょうか？

いわしの梅煮の作り方

・頭と腹ワタをとったいわしを５〜６匹用意します。
・鍋に底から３〜４㎝水をはり、４㎝角くらいの昆布を１枚と梅干し２〜３個をほぐして入れます。
・お酒をおちょこに１〜２杯入れて火にかけ、沸とうしてきたら弱火にしていわしを重ならないように並べます。
・ふたをして２分たったら鍋を火からおろして、タオルケットでくるんじゃいます（毛布でもドテラでもかまいません。要はいわしの入った鍋が冷めにくくなればいいんです）。

さてそのまま15分たったらいわしをとり出してみてください。外から見た分には、生の時と同じような色つやなんですが、箸を入れてみると、これがびっくりです。中まで火は通ってるし、梅干しの味も十分にしみ込んでいます。もし、火からおろさずにコトコト煮つづけていたら身はかたいわ、においは強いわで、まったくの別物になります。

魚の身はいわしに限らず、基本的にはタンパク質でできています。タンパク質に熱を加えすぎると固まったりするのは当然です。火にかけっぱなしにしないというのが、実は化学的なクッキングのコツだったんです。梅干しを使った煮物は、さばやにしんでもできますのでどうぞ。

ちなみに、保温調理用の「はかせ鍋」だと火からおろすだけ。毛布で包まなくても保温できます。

54 さんまの使い方

さんまを氷でしめる

ついこないだまで、あっしゃ目黒に住んでおりやしてね、へエ、あの目黒のさんまで有名なところ、あそこにいましてな、まあその頃は来る日も来る日もさんまばかり。

いやはや、目黒ってなあ、恐ろしいところでございまして、魚屋に行けばさんまばかり。鮭なんぞ置こうもんなら「タカ狩り」に来たお殿さま、おっといけねえや、区長さまからお手討ちにされちまうってなくらいきびしいところでございました。

エー秋になるってえと区民さんまの日てエものがありまして、13万区民がその日いっせいにさんまを焼く、庭で台所でベランダで、一度に13万区民がさんまを焼くってんだから、その煙ときたらものすごい。隣の世田谷、品川、渋谷あたりから猫が団体旅行でやってくるってほどでございました。

その日は9月とはいえ、まるで夏が戻ってきたような、あー、すんごい暑さでございまして、さすがのあっしもさんまを七輪で焼くなんざ考えただけで大汗かいてしまいます。

こんな時はつべたい刺身に限ると、買ってきました1匹１００円のさんまを三枚におろし、薄い皮をスーッとむく。さてとこいつをよく切れる柳刃（刺身包丁）でもって薄く薄うくそぎ切っていきますな。脂ののったさんまのこと、柳刃にはべっとり脂がついてござりまする。脂ののった柳腰ならつやっぽいものでございましょうが、夏のようなこの暑さじゃ、ちょっとはサッパリさせてえってのが人情でございましょう。

薄切りの刺身をたぷたぷの氷水にそっと入れて待つこと5分。

ヘッヘッヘー、浮いてきましたよ、氷水のうわっつらに白い脂が……。

こいつをざるで引きあげて……と、ふきんで水けをとりましたらば……と、薬味は青じそにあさつき、おろししょうが、氷水でよくしまったさんまで薬味をくるっと巻いてえ、だし割りじょう油をチョイとつけてえ、……ヒャー!! たまんねえなあ、つべてえ上にさっぱりしてからに、もう。こいつをやりつついただく冷や酒ってえのが……へへへへへッ。

ングッ、ンッンーッ、プハーッ!! 目黒良いとオこお、いーちどおはあ、おーいでっと。

さんまみてえな青魚を氷水でしめるなんざ、邪道だ舗道だ北海道だって言いてえやつに言わせときゃいいんでありまして、さんまの本場、目黒の住人が旨いと言ってるんでございますから、皆さま、ここはまあひとつ、だまされたーと思ってこのさんまの氷じめ、食べてみてくださいまし。

目黒には　海がないのに　なぜ　さんま?

55　蒲焼きの作り方

さんまをフライパンで

あたしゃ下町が好きなもんで、東京の浅草なんぞを、よくブラブラやっとります。いつも下駄ばきに手ぬぐいぶらさげるって格好ですから、下町の風景にスッポリはまってしまうんです。ある時、大学時代の先輩と浅草をブラブラしてまして、腹減ったなってことになっちまい、うな重をおごってもらいました。下町情緒のかたまりみたいなひなびた店に入って注文したうな重が１８００円。

出てきたうな重のふたをとって目が点。15㎝四方の重箱に入っているうなぎの蒲焼きたるや５×７㎝。この一切れで重箱いっぱいの白いおまんまをどうやって食べるの？

おしんこやみそ汁のお力を借りてなんとか食べたものの、もう二度と行くまいとかたい決心をしてうちへ帰り、うさばらしに作ったのが、さんまの蒲焼きだったんだいっ!!

さんまの蒲焼き
・さんまの頭と腹ワタをとったら三枚に開きます。
・このさんまに小麦粉をつけて油をひいたフライパンで両面とも焼きます。弱火でないと小麦粉が焦げます。
・小麦粉が少し色づいてきたらお玉いっぱいの酒とハチミツか砂糖を少々、そしてしょっぱくない程度にしょう油を入れ、焦げつかぬようフライパンをゆすります。
・途中でひっくり返してよくたれを吸い込ませます。
・酒やしょう油が蒸発していって、最後はドロッとしたたれに包まれたさんまが残りますので、これででき上がりです。

砂糖とかハチミツが入っているせいで、たれに粘りが出てさんまの表面がテカテカしています。こいつを半分に切ってごはんを詰めた重箱にデーンとのせました。さんまに隠れて白いまんまなんぞ、ほとんど見えやしません。さんしょうの粉をふってパクつけば、もう立派な蒲焼き重です。

１８００円のちっぽけなうなぎより、１匹80円のでっかいさんまの方がよっぽど旨いわいと、うさばらしをする私でした。

56 さんまトマト煮の作り方

おろしトマトですぐできる

さんまという魚、お好きでしょうか？　嫌いと言われると、そこで話が終わりになってしまいます。そうなるとこの先２ページが白紙となり、そこにはＭＥＭＯなんて印刷され、私の印税は大幅カット……ううっ、いややわし……ここはまあひとつ、さんま好きになって聞いてください。

さんまは目黒に限るっていうのは落語の目黒のさんまですが、そこでは炭で塩焼きにしたさんまが出てきます。確かにおろし大根をのっけて食べる塩焼きは旨いさんまですが、今回はちょいとハイカラ、トマトで仕上げてみます。

さんまのトマト煮

- まず、さんまを三枚におろし、塩を軽くふっておきます。
- フライパンに油をひいて中火にかけ、みじん切りのにんにくを入れ、にんにくが少し茶色っぽくなったら、さんまの皮を下にしてフライパンに並べます。
- 1分くらいで皮に焼き目がつきますから、そうしたらひっくり返します。
- そこでトマトです。右手にトマト、左手におろし金をむんずとつかみ、フライパンの上でトマトをおろします。ドロドロのおろしトマトがフライパンのさんまを包み隠すようになりますが、火を少し強くしてトマトを煮詰めます。
- 焦げないようにフライパンを前後にゆすってください。サラサラしていたおろしトマトがまるで煮詰めたペーストみたいにトロリンッとしてきたら、小さく刻んだねぎやあさつき、パセリなどをふってでき上がりです。

トマトソースごとお皿にとって、ペッパーを少しかけて食べてください。トマトには旨みのもとのグルタミン酸がたっぷりです。また、さんまには旨みのもとのイノシン酸、これらをいっしょにすることで、味の相乗効果が出て旨みは10倍近く感じられるようになるんです。さんまにトマト、化学的でしょ。

57 干しえびの使い方

だしがよく出る旨さの決め手

日本人は世界一のえび好き民族です。世界各国から輸出されるえびの大半は日本が輸入しとるんです。

日本沿岸でとれるくらいのえびでは、とても足りんのか？　それとも輸入物が安いからなのか？　よくは知りませんが、スーパーのちらしを見るといつもえびが目玉商品になっとるところを見ると、やっぱり名古屋の人ほどではないにせよ、えび好きなんでしょうなあ。

まあ、えびといってもいろいろと種類があって伊勢えび、ロブスターといったでっかいのからおきあみたいなちっちゃいのまでさまざまです。伊勢えびなんぞ、おいそれととれるもんじゃありませんから、値段もべらぼうに高いのもよ～くわかります。次に車えびや大正えびなんかもまあ、そこそこに高くてもしかたないわなあと思います。でも、それより小さいえびとなるとちょいと勝手が違ってくるもんです。

日本各地の沿岸でも5㎝以下の小さなえびならかなりとれてるんです。以前、あちこち旅をした時、地元の市場をのぞいて驚いたもんです。金沢の近江町市場や神奈川の小田原とか瀬戸内の市場、どこに行っても小さなえびがざるいっぱい入って300円くらいで出ていました。これが、食べるとすごく旨いんですが、なぜかあまり売れないので干しえびにしてしまうそうです。山口県で作られたという干しえびを買ってきましたが、3～4㎝の干しえびが、袋いっぱい約500g入って800円でした。

一晩水につけておけばやわらかくなり、煮物に入れるととても美味しくなりました。八宝菜にも合うし、水で戻さずともはさみでジョキジョキ切って、お好み焼きに入れてもすごく旨い。どれも見た目は小さな干したちびえびですが、味や香りは間違いなくえびなんですから、こりゃ使わにゃ損ですがな。

ちなみに、この約500g800円の干しえび、2人で使って約1年持ちました。とすると、1か月あたり1人約33円か？　えびも安いもんです。

干しえびでも　聞こえがええじゃろ　えびチャーハン

58　皮はぎ肝の使い方

肝の酒蒸し

皮はぎっていう魚をご存じでしょうか？　白身の魚でして、薄く刺身に引いてポン酢で食べると旨い魚です。刺身にするとちょっと見たところふぐにも見えるもんですから、あたしも時々、今日はふぐですと言って人をだまくらかすこともあります。

皮はぎと、その仲間の馬づらはぎ、どちらも日本近海ではよくとれますが、鮮度が落ちやすいせいか、市場には鮮度のいいものがあまり流れてきません。しかし、先日、小田原の方へ行きましたら、たった今あがったばかりの皮はぎが、2匹で600円とびっくりするほどの安値だったんで、さっそく買い求めました。

皮はぎっていう名前とおり、表面のかたい皮をはぎとって三枚におろし、身の方はうすく塩をふって3時間ほどしめます。それから刺身に引くと身がしまって、旨みも倍増するんです。しかし、皮はぎの味わいといえば、でっかい肝です。皮はぎも馬づらはぎもおなかには、大きなうす茶色の肝がありますから、これを傷つけないようにとり出して水洗いします。

皮はぎの肝、酒蒸し

- 皮はぎの肝を小さな片手鍋に入れ、肝と同じ量のお酒をふりかけます。
- そこにほんの少々の塩をまぶして鍋にふたをして弱火にかけます。
- 焦げつかないよう片手鍋を前後にゆすってください。
- 30秒ほどしましたらふたをとります。

ふたをしていたため、肝は酒蒸しになって、一応中の方まで火は通っています。後は10秒ほど火にかけて、アルコールをとばせばでき上がりです。

肝のほのかな甘みが、口の中でトロンととろける感じです。普通酒蒸しというと、蒸し器でしますが、小さなふたつきの鍋でも簡単にできちゃいますから、皮はぎや馬づらはぎに限らず、鮮度のいい魚が手に入りましたら、肝の酒蒸しをお試しください。弱火で短い時間で蒸すことがポイントです。ぐつぐつ煮たりするとかたくなるし、いやなにおいもしてきます。

この酒蒸しした肝を冷まして、ポン酢でゆるくのばします。これに刺身をつけて食べてみてくださいまし。はまっちゃいますよ。

59 刺身の使い方

しょう油に漬け込んだ刺身

私は海の近くで育ったせいか、料理屋生まれのせいか（単に酒飲みのせいか）、刺身ってのが大好きです。美味しい刺身はお酒はもちろん、ごはんのおかずにもよく合うものです。そして刺身に必ず必要となるのが、おしょう油です。近頃では、マヨネーズやタルタルソースを刺身につけて食べる人もいるようですが、こと刺身に関しては、あたしゃバリバリ保守的になっちゃいます。

さて刺身にしょう油ってえと、まあ普通、刺身の片面にしょう油をちらっとつけ、わさびをつけて食べますわなあ。でもなかにはしょう油につけ込む刺身料理ってのもあるんです。

私の故郷である北九州地方の料理ですが、さばの昆布じょう油漬けというのがそうです。普通に引いた刺身をボウルにとり、昆布を1枚入れ、ひたひたにしょう油をそそぎ、すりごまをふって10分ほどおいてから引きあげたものを食べるんです。さばの身がしょう油でよくしまった上、昆布の旨みがついてるので、すごい旨みです。そしてこの刺身のえも言えぬ、旨い食べ方がお茶漬けなんです。

茶碗にほんのちょっとの熱いごはんをよそい、このしょう油漬け刺身を3枚ほど、ごはんの上に並べます。これに熱いお茶をかけ回し、刺身をつけ込んだしょう油を少し入れて味を調えて食べるんですが、これに刻んだのりやわさびなんぞを添えたら、もう絶品。こんな旨い茶漬けがあったのかというほどの味です。

これはさばに限らず、いわしでもさんまでも鯛でもふぐ(見栄をはっただけ)でもできます。要は刺身を10分ほど昆布じょう油につけさえすればいいだけ。後はすりごまとか、わさび、のり、刻みねぎなどでドレスアップするんです。

お刺身で酒を飲む時、3切れだけ残しといて10分ほどしょう油につけておき、最後にお茶漬けにして食べる。それでその日の酒をさっと切り上げる、なんての、粋な飲み方だと思わんですか?

長っちり「茶漬けはいかが？」に　赤っぱじ

60 鮭の使い方　焼く手間一度で保存食

何度も申し上げましたが、私は横着者です。できればできるだけ、イヤ、できなくともなんとかして手を抜こう、楽をしようと思いつづけて生きること40年。とうとう横着者の極み、「横着道」を極めてしまいました。

その横着道のひとつが、魚焼きです。ガスレンジに魚焼きグリルがついていますのでそこで焼くんですが、グリルってけっこう広いから、そこで鮭を1切れ焼くなんてなんだかどうももったいない気がしちゃうんです。そこでいつもの横着心が出てまいりまして、鮭を6切れくらいグリルに入れて焼いちゃいます。

1切れ焼くのも6切れ焼くのもそれにかかる時間はまったく同じです。当然使うガスの量だって同じです。だったら一度に6切れ焼いた方が得だってこと、小学生にだってわかります。

といいましても、一度に鮭を6切れ食べることはできません。あたしゃ北海道のクマじゃないんですから。自分が、その日食べる1切れだけをとって残りの5切れは、フォークでほぐします。焼きたてだとやわらかいのですぐにボロボロにほぐせます。それを十分に冷ましたら、広口のマヨネーズ瓶に入れて冷蔵庫にしまっておくんです。

よくスーパーなんかで鮭の瓶詰めとか売っていますが、あんなの自分で簡単にできちゃうんです。しっかり焼いた鮭だったら、冷蔵庫で10日くらい持ちます。焼いてほぐした後、フライパンで少しいってから冷ましたものだと、冷蔵庫で1か月くらい保存できます。

ガスレンジの魚焼きグリルって洗うのがめんどうだっていう人もいますが、一度にまとめて焼いて瓶詰めにしちゃえば、洗う回数だってグーンと少なくなっちゃいます。本日の格言です。横着は発明の母、でございます。

61 白子酒蒸しの作り方

酒蒸し白子、ポン酢につける

ちょいとちょいと奥さん、この頃スーパーでさ、安く出てんじゃない、ホレ、あの白くて長いの。何よ、何。ホレ、鮭鮭、鮭の白子、安いんだなこれが、１パックでさ、5～6個入ってて１５０円とか１８０円なんだから、買わない手はないじゃん。え、食べ方知らない？　冗談はよし子さんよ。

今までどうしてたの、砂糖としょう油で煮てた？　鍋物に入れてた、あっそう、本当にそれだけ、ハイハイ、まかせなさい、あたしゃ台所レスキュー隊長。

じゃあさ、やってごらんよ、うちでいつもやってるやつ、白子の酒蒸しっての、知らない、やんなっちゃうなこの人。白子買ってくるでしょ、サッと洗いますわな、白子の外をきれいに洗っとかないとたまに苦いこともあるんですよ。そしたら酒蒸しにするんですよ。

何、蒸し器がない？　だったら鍋に水と酒を底から3㎝くらい入れて、そこに白子の入った丼をデーン。ふたして10分くらい蒸しちゃうの、ただ蒸せばいいの。

蒸し上がったらまな板にとって、あちち……一口の大きさに切ってだなあ、酢じょう油にポンポンつけ込む。レモン、みかん、ゆずかすだち、ある？　いいねえ。

自然に冷めるまで待てば白子に酢じょう油がしみ込んで、うっすら茶色がかったうす茶白子。小鉢に盛って、唐辛子、刻みねぎ。口ン中でとろけるような白子にゆずの香りが、ねぎの風味、熱いおまんまにのっければとろけるような舌ざわりだし、お酒飲みのお客さんに出してみてくださいな、おかわり間違いなし。

へへへ、そのくせ1人前なんざ、30円もしねえって……。

佐渡行けば　たらの白子が　バカ安値
荒波・吹雪　なにものぞ

62 白子パテの作り方　蒸してつぶしておしゃれなパテ

冬になると、たらや鮭の白子が、魚屋さんやスーパーに並びます。

さて、今日は、この白子でポン酢のような和食でなく、ちょいとハイカラな（古い言葉）白子パテを作ってみようと思います。私は、ギタリストや、木彫作家などをしている関係で、外国人のアーティストにも知り合いがいますが、外国人に白子のポン酢はあまりうけません。そこで考えたのが、白子パテです。パテならバターやチーズみたいにパンに塗ったくって食べるだろうと、思ってやってみました。だって、レバーパテやフォアグラなんぞ喜んで食べる人たちですから、白子パテだってよかろうもんというわけです。

白子パテ
- 白子をきれいに洗ったら、10分ほど蒸します。
- 蒸したら、熱いうちに裏ごししますが、目の細かいステンレスのざるなんかでも十分に裏ごしできますがな、もともとがやわらかい白子ですもん。
- 裏ごしした白子に、塩を加えてよくネリネリ、練り合わせます。
- ここに、マスタードやこしょう、チリペッパーなどを加えて、瓶かタッパーにぎゅぎゅっと詰め込んで、冷ませば、白子パテのでき上がり。

においが気にならなければ、にんにく1かけを白子といっしょに蒸してつぶしても、とても美味しく、フランスパンなどに塗ると最高です。

また、マスタード、こしょうのかわりに、わさびや唐辛子を入れて練ってもなかなかの珍味。決して和風ではありまっせん。だって、ヨーロッパでも、ホースラディッシュというわさびの一種を料理に使うくらいです。

これらの白子パテなら外国人も魚臭いなどと言わず、喜んで食べていました。魚離れの若者にもうけるんじゃないでしょうか？

なんでもしょう油で煮るばかりが能ではありません。

63 しめさばの作り方

冷凍さばで10分仕上げ

新鮮なさばを三枚におろして骨を抜き、塩をふって一晩冷蔵庫にねかします。こいつを酢につけること10〜30分、これがごく普通のしめさばの作り方でございます。しめさばってつい酢でしめるものと思いがちですが、基本的には塩でしっかりしめるのが大切なんです。この塩じめをいい加減にして酢だけでしめようとしても、ろくにしまりませんし、あまり旨みが出てきません。多少めんどうでも、一晩くらいはきっちりと塩じめしたいもんです。

もんですが、そこはそれ、どんな世界にも裏ワザというのがあるもんです。と言っても裏金とかワイロといった裏ワザではありません。実に簡単、たったの10分でしめさばができちゃったといううれしい裏ワザでございます。

スーパーに行きますと、冷凍塩さばが売ってます。ノルウェーあたりでとれたさばをその場でおろして塩をふり、急速冷凍して送られてきたものです。これを買ってきて解凍させます。毛抜きで骨をツンツンと抜いて酢につけること10分。後は皮をチーとむいて切るだけででき上がり。これがまた脂はのってるわ、よくしまってるわで旨いんです。

さばの生き腐れなんて言われるほど、いたむのが早い魚ですから、昔は若狭湾でとれたさばは、その場でおろしてたっぷりと塩をすり込んで陸路京都まで運びました。その間にしっかりしまったさばを酢につけて京都の人たちはしめさばにしていたそうです。

近頃では、若狭湾から京都へ運ぶかわりにノルウェーから日本に運んでるわけです。この冷凍にするというのはさばの場合、ひとつメリットがあるんです。寄生虫アニサキスは、塩や酢につけたって2〜3日死なんくらいのタフなやつですが、冷凍には勝てません。だから冷凍さばを使えば、まずアニサキスの心配することなくしめさばを食べられるってことです。

でも調理器具は清潔にしてネ。

さば街道　若狭湾から　北欧へ
国際時代か　時の流れか

64　鯛麺の作り方

1匹の鯛で4人たっぷり

今日は珍しく豪華版です。だって私にしては、本当に珍しいというよりは信じられない材料を使います。なんと、高級魚の鯛を使った鯛そうめん。略して鯛麺でございます。

ひと口で言いますと、鯛の煮物を作り、その煮汁でそうめんを食べる料理なんですが、これがまたとんでもなく美味しいものなんです。
おめでたいことでもあった時に鯛を1匹用意すれば、それで何人もが鯛麺にありつけるという、とても経済的ながら見栄えのする料理です。

鯛麺

- まず鯛の下処理ですが、最初にウロコをとります。
- 次にエラをとったら、そのすき間から箸をつっ込んで腹ワタを引っぱり出します。こうすると、鯛の腹に包丁を入れなくても腹ワタがとり出せます。
- そうしたらよく洗って煮立った煮汁に入れます。煮汁は鯛より少し大きめの鍋に水、昆布、しょう油、みりんを入れて煮立たせたものです。この煮汁でそうめんを食べるんですから、甘さ、しょっぱさは、自分ちの好みでつけといてください。
- さて煮汁に鯛を入れたら火を弱くしてふたをします。その後4～5分たったら火からおろし、鍋全体をバスタオルで包んで10分ほど置いておけば、鯛は余熱で煮えてしまいます。
- 熱い鯛麺でしたら、このあつあつを大皿にとってください。夏場で冷たい方がよければ十分に冷ましてから大皿にとります。

・次にゆでてよく冷ましたそうめんを、鯛のまわりに盛りつけ、最後に煮汁をたっぷりかけ回してでき上がりです。

食べる時は銘々が取り皿にそうめんと鯛の身をとり、煮汁を少しかけて食べます。鯛はぐつぐつ煮てないので身もやわらかくアクも出ていません。早く作ろうとして強火でぐつぐつ煮ると身はくずれるし、いやなにおいもしてきます。それから、そうめんですが、少しかためにゆでておいた方が、のびなくていいようです。

20㎝くらいの鯛を、先日800円で買いました。これで4人がたっぷり鯛麵を楽しめたんだから、豪華版といった割には、とっても安上がりでした。

65 松笠造りの作り方

鯛の皮むきができなくってもＯＫ

刺身っていうと、もう切ってパックに入ってるものがよく売れてるようですが、貧乏性の私は魚一匹で買ってしまいます。だって中骨や頭、内臓など、焼き物、煮物、吸い物になる部分がパックの刺身にはついてませんから、損した気になるんです。それに刺身に切ってから時間がたったものより、引き立ての刺身の方が旨いんですから、いわしやかつおまで、すべて一匹買いします。

といっても鯨や本まぐろなどは一匹買いはしません。できません。当たり前のことです。

いわしやあじなんぞでしたら、ちょいと魚になれた人なら三枚におろした後、表面の皮は、爪でつまんでスイーッと、難なくむけます（皮までむければ、刺身なんぞ簡単そのもの。後は包丁で切るだけです）。しかし、金目鯛とか、真鯛あたりになると皮をむくにはワザが必要となります。どうやってむくかと言いますと……。

例えば鯛。三枚におろしたら、皮を下にしてまな板にのせます。左手で鯛の尾っぽをつまんで、刺身包丁をしっぽの皮と身の間にそっと切り込ませます。鯛の皮なんて薄いですから、そこから先は包丁をまな板にぺったりくっつけたような状態で、尾っぽから頭の方へ向かって皮を切りとっていくんです。

これは、なれない人には難しい。下手すりゃ身が皮にびっちりくっついて、かんじんの刺身は、薄いヘロヘロになってしまいます。せっかくの鯛の刺身が、ヘロヘロでは情けない。

そうです、皮むきに自信のない人には、それなりのお刺身術があるんです。

鯛の松笠造り

・三枚におろした鯛の身を、皮を上にしてまな板にのせます。
・やかんでお湯を沸かしておき、その熱湯をチロチロチロッと皮の上にかけ回しますと、皮が、キュッとちぢんできます。
・そうしたら冷たい水でさっと熱をとり、ふきんでふいて刺身に引きます。

皮をむけなくても、これなら皮までやわらかく、美味しく食べられるんです。

こういうのを湯引きって言いまして、こうして引いたのを鯛の松笠造りって言います。旨いですよ。

66 はんぺんの作り方

すり身と山芋で手作り

唐突ですが、あたしはんぺんが大好きなんです。

あんなフニャラカしたものと悪口を言う人もいますが、かまぼこのようでかまぼこよりフンワリした、あの感じが好きなんです。よくおでんに入っておりますが、何もおでんだけのために、はんぺんが生まれたわけではありません。

はんぺんをもちを焼くみたいに金網にのせて焼きます。焼きたてをわさびじょう油で食べるなんざ、旨くって涙が出そうです。それとか、フライパンにサラダ油やバターをうっすらひいて両面ともこんがり焼いてみてくださいな。はんぺんがおでんのためだけに作られたんじゃないって実感しますから。

さて、このはんぺん、何からできてるかご存じでしょうか？　魚のすり身とすった山芋を合わせて蒸したものなんです。作る人によって混ぜるものもいろいろ変わりますが、基本的にはこの2つです。たらのすり身とか、鯛のすり身で作ると、真っ白で上品なはんぺんができます。

まぐろ、ぶり、はまちはうまいこといきませんが、いわしやさんま、かつおなどでもできます。一度やってみてください。

はんぺん
•魚は三枚におろした後、スプーンで身をせせってほぐします。

•それをすり鉢に入れ、塩を少し加えてすりこぎですります。甘塩のたらなんぞでしたら、塩を入れる必要はありません。

•次に、魚のすり身よりちょいと少なめ程度のおろした山芋を入れて、再びすりますと、あっという間にもちゃ〜っとしたやわらかめのハンバーグ玉みたいになります。

•こいつをラップの上にベタッとのせ、ハンバーグみたいに平べったくのばしてラップで包み、10分くらい蒸せばはんぺんのでき上がりです。


できたてのあつあつだったら、そのままでバツグンに旨いもんです。いわしやさんまで作ると、ちょいとねずみ色がかったはんぺんになります。

魚によっては、固まりにくいものもあります。そういう魚はすり身と山芋を混ぜる時、片栗粉を魚の1割くらい入れるとよく固まりますが、入れすぎるとかたくなるので気をつけて。

67 ギョーザの作り方　ほたての干物で旨みづけ

和食はだしの料理ともいわれます。私の実家は、和風料理一筋約70年という骨董品のような店ですから、かつお節や昆布、干ししいたけのだしなど、まるで湯水のごとく使います。私が生まれた時のうぶ湯だってかつおの一番だしだったというウワサも聞きましたが、本当かウソかはわかりません。

だしというとすぐにかつお節、昆布、煮干し、干ししいたけと思いつきますが、あまり使われていないところで、ほたての貝柱の干物というものがあります。乾物屋さんでは袋入りで売ってますし、ＪＲのキヨスクあたりでは透明の筒に10個くらい入ったのを売っています。たぶんお酒のおつまみにでもするのでしょうが、あれは、そのまま食べるより、だしをとるのに使った方がいいと思います。

ほたての貝柱の干物は縦に繊維質が入ってますからペンチかプライヤーでギュッとはさむとすぐにボロッとこわれます。できるだけ小さくこわしたら鍋に入れ、水を少しはって一晩置きます。これを翌日ひと煮立ちさせると旨みの濃いだしがとれるんです。昆布やかつお節のだしよりしつこい旨みですから、料理によってはとても役に立つだしといえます。例えば中華料理などにはピッタシです。スープ全般に使えるのは当たり前ですがラーメンなど麺類に、八宝菜などの炒め物、ギョーザなどの包み物にも使えます。

ギョーザにだしを入れるって変に思うかもしれませんが、ひき肉と野菜をコネコネした後、ほたての貝柱のだしを加えてもう一度コネコネします。そうするとギョーザ種が少しゆるくなり、ややベトベトした感じになりますが、こうしてから皮で包むと、焼き上がった時ジューシーな旨いギョーザになるんです。ギョーザの皮の中から肉とほたてスープの旨みが、トロッとにじみ出てきてなんともいえません。近頃では北海道や東北の養殖ほたてが安く買えますし、ポロッと身の割れたほたてはもっと安く買えます。ほたて貝柱のだし汁、炊き込みごはんや五目めしにしても旨いんだ、これが。

68　吸い物の作り方

魚の中骨リサイクル

最近、魚のとれる量が少なくなってきたといわれていますが、それでも、あじ、さんま、いわしなどは近海でとれる大衆魚として安く買えます。こういった魚は三枚におろして刺身にしたり、酢の物にしたり、すしダネとしてもよく使います。

三枚におろした身を食べるのは当たり前のことですが、おろした後の中骨、これがまた旨いんです。あじの刺身を作ったことのある人ならわかると思いますが、中骨っていったって骨だけでありません。骨には薄いながらも身がついているものです。

この身をスプーンでかきとると、あじ1匹分の骨から茶さじ2杯くらいの身がかきとれます。ですから4人家族であじ4匹をおろしたとしますと、茶さじ8杯分くらいの身がかきとれるんです。魚をおろすのが下手な人の場合、中骨に身がいっぱいついてしまいますから、場合によっては刺身よりかきとった身の方が多くなったりして。ま、それは極端な例ですが、どんな中骨でもスプーンでかきとれるのは事実です。

そのかきとった身に刻んだねぎやしその葉などを混ぜると、これこそ中骨リサイクル、あじのたたきとでもいうものになります。茶さじ2杯ほどの身ですから、わかめや、ゆでたほうれん草などといっしょに小鉢に盛りつけてポン酢なんぞをかけ回してみてください。お刺身のほかにもう一品できちゃったってとこです。さて、身をかきとった後の中骨ですが、これで簡単にお吸い物ができます。

中骨吸い物

- 鍋に昆布と水を入れて火にかけ、酒と塩で味を調えておきます。
- 沸とうしたら中骨を入れてふたをして、すぐに火を止めます。
- 2～3分たったら吸い物のお椀によそってください。

まったく魚臭くないのに、コクのある吸い物ができています。

中骨は吸い物に限らず、例えば野菜の煮物を作る時にいっしょに入れると、すご～く濃いだしが出るので、煮物もひと味変わってきます。

かつおやいなだくらいの大きさの魚でしたら、中骨からかきとった身だけで、1食分のたたき丼くらいできちゃいますよ。中骨もただ捨てるんじゃなく、トコトン利用しちゃいましょ。

69　乾物の使い方

炒め物に使い回す

あたしゃ中華鍋ってもんをよく使います。こいつさえあれば、野菜をいっぱい用意して一気にジャーッと野菜炒めが作れるし、焼きうどんや、焼きそばもとても手軽にできるからです。野菜炒めは、どこのご家庭でも手軽に作れる定番家庭料理になっているような感じです。焼きそばは、お好み焼きと並んで縁日の定番でもありますが、家庭でも手軽に作られています。

こういったいわゆる炒め物を美味しくするためには、野菜のほかに、何かだしの出るものを入れることが大切です。ですから野菜炒めには、よく豚肉やいかなどを入れます。また、焼きそば、焼きうどんなどの時には、濃厚なスープストックを加えて麺に旨みをつけます。

例えば鶏ガラスープや牛スジのゆで汁のスープを、炒める時に少し加えて水分をとばすと、焼きそばの麺なんぞ表面がゼラチン質でトロリンとして旨いことこの上なしなんです。

私の場合いつも鶏ガラスープと牛スジスープを冷凍にしてますから、炒め物も楽々、美味しくできるんですが、スープストックなしでも、炒め物を美味しくする方法があるんです。

それが、私がこよなく愛している乾物なんです。炒め物をする時に乾物をいっしょに入れると、えらく美味しくなるってことは、お好み焼きなどで経験していると思います。かつお節の削り粉、煮干しの粉、ちりめんじゃこや小女子《こうなご》、おきあみや姫えび、切りいかに切り昆布、こういった乾物を炒め物の時、ポンポン放り込んでみてください。炒め物の時には野菜から水分が出ます。その水分でもって乾物もフニャッとやわらかくなるし、やわらかくなると乾物の旨みが、野菜や麺に移っていきます。

極端なまでにお金のなかった大学生の頃、小麦粉を水で溶いただけのお好み焼きを作ってました。豚肉なんぞなかったので、大根の葉っぱとかつお節の削り粉や姫えびたっぷりのお好み焼きでしたが、だしがよく出ていて、それなりに満足して食べておりました。

乾物を使った炒め物。最後に青のりなんていいですね。

70　昆布の使い方

ふたをあけてすぐ使える

日本食でだしといえば、昆布、かつお節、干ししいたけが代表格。とりわけ昆布は植物性の食品なので、肉や魚、野菜、豆類。だいたいどんな素材にもよく合います。シチューを作る時、カレー、八宝菜、はたまたギョーザ、日本食以外にも昆布の旨みはとてもよく合うんです。

昆布を洋食のスープ作りに使うなんていうと、プロの料理人から邪道だの本場のやり方じゃないだの言われますが、知ったこっちゃありまっせん。ヨーロッパ人が入れなくったって日本人は入れてもエエでしょうに。

ヨーロッパの土は、カルシウムなどのミネラルが多いから、同じ野菜でも、日本の野菜よりずっと多くのミネラルが含まれています。日本人は野菜に不足しているミネラルを海の魚や貝、そして海藻からとっていました。特に昆布は干せば保存もでき、軽いから山奥にだって持って行け、日本人にとって大切なミネラル源だったんです。

だからあたしゃ、炒め物にも煮物にも昆布をポイポイ放り込みますが、あのでっかい昆布のままじゃ、ちょいと都合が悪い。そこでひまな時に昆布をはさみでジョキジョキ切っておくんです。できるだけ細く切って広口の瓶に入れておくと、これが便利。細切りだから水で戻さなくても大丈夫、たいていの料理に使えます。

酢の物を作る時は、酢に15分ひたしておくと旨みの酢。刺身のしょう油も昆布を入れて30分で美味しいだし味しょう油。昆布の細切りを使うようになって、化学調味料を使わなくなったという便りを、私の本の読者から、たくさんいただきました。

昆布切りは　一枚切るたび　ごほうびの
「お酒一杯」　これにつられて

71　昆布じょう油の作り方

旨みじょう油は簡単手作り

よそさまで食事を呼ばれると、いろいろな発見があっておもしろいものです。でもなかにはおもしろくない発見や、迷惑な発見もあります。かつて経験したことですが、地方都市の料理屋さんで食事をした時の話です。

新鮮な海の幸たっぷりの料理は私の大好物。さっそく刺身にしょう油をつけてパクッとやったんですが、これ、迷惑な発見の始まりでした。しょう油が何か変なんです。妙に甘ったるく、何かくどいくらいの旨みがして刺身の味がよくわからんほどです。しょう油だけをちらっとなめてみて、はっきりとわかりました。みりんや旨み調味料をたっぷり加えたしょう油だったんです。料理屋さんとしては、お客さんにより美味しく食べてもらおうとして使ってるんでしょうが、こんなにくどい旨みじょう油だとせっかくの新鮮な魚の味が死んでしまいます。しょう油は、あくまでも調味料、つまり料理の素材の味を引っぱり出したり、引き立たせるためにあるものですから、出しゃばりすぎては料理に失礼というものです。

その時はがまんして食べましたが、あれは迷惑な発見でありました。まあ、しょう油に若干みりんを入れたものや、たまりっていう濃い、ドロッとしたしょう油もありますから、多少の旨みづけでしたら、刺身の味も殺さず、かえって旨みを引き出すこともできます。

今度刺身を食べることがあったら、このしょう油をお試しください。

小さな湯飲みくらいのしょう油さしでしたら2×2㎝に切った昆布を2枚入れてしょう油をたっぷり入れておきます。半日か1日置けば、旨みのついた昆布じょう油になっていますが、くどいほどの旨さではありません。これは刺身に限らず、ほかの料理にも使えますから、好みで試してみてください。

また、高血圧などで塩分を控えるようにしている人で、しょう油をだしで割って使う人がよくいますが、昆布じょう油を小皿にとってそこに水を加えるだけで、だし割りじょう油っぽくなります。昆布だしがきいているため、水っぽさをあまり感じません。これはなかなかいい発見じゃないでしょうか？　夏場はいたむので冷蔵庫に入れてください。

72　昆布じめの作り方　旨みは倍増、楽膳昆布じめ

なんと言われようと、刺身が好きです。生臭いと言われたって気にしません。刺身と日本酒のないこの国になったら、国外脱出します。しかし、ただ一度だけドイツ人のブロンド美人に、私サカナカンケイ、サシーミ、ダメです、と言われた時、つい心ならずも、生臭いのはいやじゃねえなどと迎合してしまった自分を、一生恥じて生きていかねばなりません。

それはさておき、まずいことはすぐ放ったらかして……。

刺身といえど、味の濃い魚もあれば水っぽいくらいに淡白な魚もあります。淡白な魚もそれはそれでいいんですが、ちょいといたずらをすると、これがまたとんでもなく旨く変身するんだから、ありがたいもんです。このいたずらをするいたずら坊主が昆布なんです。

刺身にするには、まず魚を三枚におろして、腹骨とか皮をとっちまいます。それか

ら刺身に引くわけですが、その前にしばらく昆布で魚をしめちゃうんです。

　おろした魚の身に、パラパラと塩をほんの少しふってから、昆布をあてがいます。売ってる昆布じめの魚って昆布でぐるぐる巻きしてますが、あんなの必要ありません。魚をおろすと、魚の身は2枚→その2枚に塩をふって2枚の間に昆布を1枚、サンドイッチみたいにはさみ、それをラップででもくるんで冷蔵庫に入れといてください。

　2時間くらいで食べられますし、翌日になってもしっかりしまって美味しく食べられます。

　だって、昆布のあの旨みが魚にしみ込むんですもん、淡白な味の魚だって、あれまっ!! てなくらい旨くなっちゃうんです。

　身のやわらかい金目鯛もプリンと身がしまるし、春先のさよりやあじも昆布じめがよく合うんです。

昆布じめに　使った昆布で　だしとれば
魚の味して　もうけた気分

73　酢漬けの作り方

日本人のカルシウム源

昔の栄養学では、炭水化物に脂肪にタンパク質なんてのが中心でした。そこにビタミンが入ってきたりしていくうちに、あれこれ増えてきて、今ではカルシウムだのカリウム、ついに亜鉛やマグネシウムなんかも人体にとってはとても大切なものだとわかってきたんです。

と言っても、これらミネラルって呼ばれるものは、タンパク質みたいにたくさんとる必要はないのですが、まったくとらなくなると体の調子が悪くなるという、やっかいなものです。

何度も言いますが、日本の場合、畑の土に含まれるミネラル類はヨーロッパあたりに比べると不足がちになります。カルシウムなどヨーロッパで育てた野菜には多く含まれますが、日本で育てた野菜にはそんなに多く含まれません。

そんな日本ですから、日本人のミネラル源は、主に海産物なんです。海水には、これでもかというくらいいろいろなミネラルがたくさん含まれていますから、海藻や小魚などはミネラルの宝庫です。だしをとる時に使う昆布や煮干しなどは、安くて保存のきくありがたいミネラル源ですが、そのままじゃちょいとかたすぎます。

昆布は、はさみでできるだけ細く切ってから、タッパーにでも入れ、酢をかけておきます。煮干しはそのままでタッパーに入れ、やはり酢をかけておきます。

冷蔵庫で一晩もねかせると、昆布も煮干しもフニューとやわらかくなっていますので、歯の悪い人でも食べられますし、この酢昆布や酢漬け煮干しが旨いんだ。

煮干しの生臭さも気にならないし、酢昆布なんぞ、どことなく甘みすらします。またた、この時のつけた酢にだし味がドーッと溶けていますから、この酢でわかめの酢の物やドレッシングを作ると、一石二鳥。

カルシウム不足は怒りっぽい、あきっぽい、の原因にもなるんです。そういう人にはカルシウムたっぷりの煮干しの酢漬け、お酒を飲む人にもぜひどうぞ。

74　わかめの使い方　比べれば断然安い干しわかめ

わかめは海の中で育つ植物じゃからして、ミネラルをいっぱい持っとるですよ。海水中には地上からとけて流れ込んだカルシウムやマグネシウムやヨードなどがたっぷりですからミネラルをしっかりとるために私は毎日海水をごっくんごっくん飲んでいま……と言うのはウソもウソ、大ウソのウソッパチ。海水のミネラルをたっぷりのみ込んだわかめを毎日食べとります。売ってるわかめってだいたいが塩わかめか干しわかめ。生のわかめをサッと湯に通した後、塩漬けにしたのが塩わかめ。お湯に通した後、カラカラに干したのが干しわかめ。

・塩わかめの使い方

塩を洗い流した後、ぬるま湯につけて10分。これで塩は抜けます。

・干しわかめの使い方
ぬるま湯につけて10分。ただし、わかめの厚さによって時間は異なる。くきわかめなんぞ30分以上かかる。


塩わかめも干しわかめもそれぞれに良さがあるんですが、こと値段に関して言えば、圧倒的に干しわかめの方が「安い!!」。

疑い深い私は、「塩わかめ250g250円」の袋を手にとり、疑いの目で袋をにらみつけたのだ。なんちゅうこっちゃ、水分及び塩分80~90%と書いてある。ちゅうことはだよ、わかめそのものは10~20%で、後は塩と水?

そうなんです、全国500万わかめファンの皆さま、今まで買ってた塩わかめって、**大量の塩水と少量のわかめを買ってたってことなんよ。**

よせばいいのに実験しちゃいました。鍋に塩わかめとたっぷりの水を入れて1時間。その後、わかめは引きあげてカラカラになるまで干してみましたら情けないくらいの少量干しわかめ。一方、鍋に残った塩水を自然に蒸発させたら、なんと大量の食塩がとれちゃった。その後、私が塩わかめを買っているが、干しわかめを買っているか、だいたい想像がつくでしょう。

しかし、あえてひと言塩わかめの肩も持ちたい。水を蒸発させてできた食塩は、すこぶる旨かった。ごく当ったり前の食塩を使っとるはずなのに、わかめのミネラルでももらったんだろうか、とても旨い食塩であったことをお伝えして世にもバカげたわかめ比べ実験の報告としたい。

75　塩わかめの即席漬けの作り方　塩をとる

まだまだこだわる塩わかめ。塩わかめの塩がそれなりに「旨い」塩であるのなら、それを利用せんちゅうのももったいないことです。私のように塩を洗い落とした水をベランダで蒸発させて塩をとるという「自家塩田」を営むなんぞ普通の常識人はたぶんやんないと思いますが、しかし、塩わかめの塩を洗い流す直前にその塩を利用するくらいは、常識人とてやってみる価値もあろうというものです。

塩わかめの即席漬け

- 薄切りきゅうりや細切り大根と塩わかめをいっしょによくもむ。
- 野菜がしんなりしたら塩わかめだけをとり出し、それからわかめの塩抜きをする。

きゅうりや大根は当ったり前。キャベツやセロリだって、塩わかめといっしょにニギニギともめば、すぐにしんなり即席漬けですがな。しかもわかめといっしょにもむから、普通の塩もみより旨くなるんです。ただし、わかめをいっぱい入れすぎるとしょっぱくなるのでくれぐれもご注意くださいまし。

塩わかめを使う時って、即刻塩を洗い流してしまいがちですが、その前にその塩で塩もみしたって誰が迷惑するでも、人の道からそれるでも、法に触れるでもありません。

例えば、突然お客さんが来ますわなあ、残り物のしめさばで酢の物でも出しちゃろうと思いますわなあ。酢の物にはわかめもつけちゃろう。と、塩わかめを引っぱり出したら、水で洗う前に、キャベツの葉っぱ2〜3枚を手でちぎって塩わかめといっしょにニギニギともむですよ。キャベツがしんなりしたらわかめだけをぬるま湯につけて塩抜き開始。さて一方の塩もみキャベツは、と言うと、小皿に盛りつけ、おかかをたっぷりのせちゃうの。そこにゆずかレモンをちらっとしぼれば、超簡単その場漬けゆず風味のでき上がり。

とりあえずこいつをお客人に出しとけば10分やそこらはこれで一杯やってて下さる。そうこうするうちに塩も抜けてくるから、わかめを引きあげ、小さく切ってしめさばといっしょに盛りつけちゃうの。

これなら塩わかめの塩すら捨てることのできないドケチ、しみったれ野郎などとは言われません。短時間で二品も作ってもてなしてくれる超段取り料理人と、人は呼ぶことでございましょう。

塩わかめの塩と言えど大切な資源のひとつ。塩分のとりすぎにはならぬよう、あれこれ使い道を探してみてはいかがなものかしらん。

76 トロトロわかめの作り方　もずくのかわりになる

その日の朝ごはんは、もずくを食べるつもりでいました。もずくにきゅうりやみょうがを刻んで入れて、しょう油、酢をちらっとかけて、削りたてのかつお節をパラッと、これで熱いごはんをガバガバっと食べりゃ、今日も一日幸せだあなどと、頭の中に描きつつはね起きて朝食の支度をしていました。

もずくはどこかいな、と冷蔵庫を探してみましたが、定位置にもずくはありません。そんなバカな、もずくはいずこと探したけれど見つかりません。なんとうちの同居人が、私のいぬ間に食べちまったようです。頭の中で完璧に仕上がっていたもずく朝ごはんですが、海のもくずと消えてしまいそうで、目の前がクラクラー。

しかし、そのくらいで泣きごとをいう私ではありません。台所の緊急事態ならまかせとけい、という台所レスキュー隊といわれた私です。間髪入れず、干しわかめをぬるま湯に入れて戻しはじめました。わかめが戻るまでの10分間でみょうが、きゅうりを薄く切って塩でもみ、かつお節をシャカシャカ削ります。ぬるま湯でヘロヘロやわらかくなったわかめをしぼってまな板にのせ、包丁で小さく切ります。切ったくらいではおさまりません。もずくに逃げられた恨みを込めて包丁でわかめをトントン、トトトンとテッテーテキにたたきます。怒りがおさまった頃にはもうわかめは原形をとどめておりません。トロトロのたたきわかめとなっていますので、これを小鉢にとり、塩もみしたきゅうり、みょうが、そして削ったかつお節を入れ、すだちをじゅっとしぼってみました。

戻したわかめも包丁でたたくと粘りが出て、かなり、もずくっぽく化けとります。「ないものはない、あるもので何とかやる」。これがわしら台所レスキュー隊の合言葉。

77　佃煮の使い方　もらいもんなら

佃煮って江戸時代に佃島で作られていたから佃煮と呼ぶのだそうですが、お歳暮なんぞでいただくあの佃煮、とても味が濃いと思いませんでしょうか？

昆布やえびなんぞをしょう油とみりんや水あめ、砂糖などでしっかり煮てあるから日持ちがよく、保存食ともいえるのだと思います。冷蔵庫のなかった時代は、そうやって日持ちをよくさせるってことが生活上、大切なことだったんだと思いますが、現代のように冷蔵庫があれば、もうちょっとうす味にしてくれたっていいじゃないかと思っちゃいます。高血圧で塩分をおさえるように言われてる人にとって佃煮は、天敵のようなものですが、それでも、ものは使いよう、佃煮のリサイクル料理を考えてみましょ。

いちばんオーソドックスなのが、佃煮は、味つきしょう油だと思い込むやり方です。佃煮を包丁で小さく切ります。これを瓶に入れといて、例えば、冷や奴を食べる時、しょう油だと思い込んでこの佃煮をまぶして食べます。

昆布の佃煮でしたら甘辛い上、だしがきいていますから、冷や奴とておかかの必要もありません。おろし大根にだってしょう油はいりません。しょう油じゃと思い込んでしまった刻み佃煮を混ぜちまえばええのです。

五目ごはんとか、炊き込みごはんの時、佃煮は役に立ちます。炊く時いっしょに佃煮を放り込んじゃえば、あの甘辛い味とてごはん全体に広がりますから、もはや味つけなんぞ必要ないわけです。

炊き込みごはんに使えるもんが煮物に使えんちゅうことはない。大根を煮る時、肉じゃがを作る時、佃煮を入れて、そのかわりしょう油などの味つけをぐっと控えめにしてみてください。大根などはだしがきいてすごく美味しく仕上がります。大根と昆布の佃煮とお酒だけでもだしのきいたうす味にできるんです。

あたしゃ、えびやちりめんじゃこの佃煮を野菜炒めに使ってます。これも佃煮の味だけで仕上がり、塩、こしょうの野菜炒めとはひと味違います。とかなんとか言っとりますが、いちばん楽なのがお吸い物。お椀に昆布の佃煮2枚、熱いお湯を入れてふたして1分。ゆずの皮でも浮かせてください。佃煮のリサイクルでした。

78　常備菜の作り方Ⅰ

瓶から出すだけ

以前、テレビの番組に生出演した時の話ですが、その時は、魚柄仁之助の朝食を見せてくれというのでせっせと作ってテレビ局へ持って行きました。麦ごはんにみそ汁、納豆、漬け物、おひたしなどのほかに、ちりめんじゃこや、焼きのり、梅干し、姫えびなどをズラーッと並べました。

アナウンサーのきれいなおねえさんが、うわ〜すっごおい、魚柄さん、これ、全部作ったんですかあ?って聞くんですが、正直言って答えに詰まっちゃいました。

麦ごはんやみそ汁なんかは、確かにあたしゃ作りました。しかし、ちりめんじゃことか、焼きのり、梅干し、姫えびなんか、作ったって言いますか? 梅干しは、確かに自分で漬けましたが、この日は冷蔵庫から出しただけですがな。アナウンサーのくせに、なんちゅう日本語使っとるんじゃと心の中でどなりまくったもんです。

この焼きのりですが、これも日本や韓国で食べられているだけで、ほかの国にはないようです。以前アメリカ人に出したらカーボンペーパーを食わすんじゃないって怒られた人もいるそうです。

さてこの焼きのり、ビタミンやミネラルのかたまりでして、繊維質も含まれている上に、カロリーはゼロ。ビタミンBもCもたっぷりな上、ビタミンAになるカロチンなど、とび抜けていっぱいなんです。

だからといって、5枚も10枚も食べることはありません。1枚を⅛に切ってしけらないよう缶やタッパーに入れておいて、毎朝、好きなだけ食べるようにすれば、手間ひまいらずのおかずが一品。

アーンして　白魚の指に　手巻きずし
夢と知りつつ　しばしとどめん

79　常備菜の作り方Ⅱ　ちりめんじゃこで朝食向上

朝ごはんって、とても大事にしています。どげな宿酔しちょっても、わしゃあ、朝はバッチリ食べとります。

雑穀入りごはんです。みそ汁には、昆布、煮干しに大根、にんじん、じゃが芋、かぼちゃにねぎ、しいたけが入っとります。そこに納豆、生卵と焼き魚、煮豆か豆腐、白菜のおひたし、わかめの酢の物、大根の梅酢あえ。最低でもこのくらいは作るとですよ。

さて、この朝ごはんを強烈にフォローするのが出すだけおかず。小女子やちりめんじゃこ、焼きのりなどが、その代表です。特に、ちりめんじゃこなどは、タンパク質やカルシウムなどのミネラルがたっぷり。とにかくごはんに合うんだこれが。あつ〜いごはんにちりめんじゃこをのせて〜、焼きのりでくるっとまるめて……、たまんねえな。その後にみそ汁がズズッときて、大根の梅酢あえとくりゃ、これこそ日本の朝食だーい。

この朝食を上手にサポートするのが、今日の出すだけおかずなんです。焼きのりは、切って瓶に入れときましょ。小女子や、ちりめんじゃこは、買ってきたら、即瓶に入れます。変に味つけした佃煮やふりかけではなく、天然の素材を干しただけ、ゆでて干しただけという、これらのものを朝の食卓に出してはいかがでしょう。

ごはんは炊飯器が炊いてくれるから、みそ汁だけ作れば後は忙しい朝も、今日は小女子、焼きのり、明日は干しえび、次は青のり、と続けば常に一品二品増えて、楽しい朝の食卓になると思います。

以上、朝食向上委員会からのアピールでした。

・ちりめんじゃこを選ぶ時は茶色に焼けていないものを選び、保存は冷蔵庫。多めに買った時は冷凍にします。

にぎやかな　食卓　実は出しただけ

80　かんな箱のススメ

かつお節削りの極意

シャカシャカシャカ……。

これ、何の音かわかりますか？　かつお節を削ってる音なんです。昔はこの音で朝、目を覚ましたなんて経験をお持ちの方もいらっしゃると思いますが、いやあ、近頃は、めーっきり使われんようになってきたですねえ。かつお節を削るどころか、削って売ってるかつお節でさえ使わない人が多くなってきたみたいです。あたしゃ古いタイプの人間ですからだしをとるってえと、この削りたてのかつお節じゃなきゃどうもおさまりがつきません。一見めんどくさそうに見えるんですが、ところがどうして、吸い物やみそ汁、またおひたしに使う程度でしたら、ものの10秒シャカシャカ削れば、できちゃうんです、これが。

一度削りたてを使ってみてくださいな。香りといい、旨みといい、あ〜これがかつおだしなんだ〜と感動しちゃいます。そんなわけで私の友人たちは皆、このかつお節削りのかんな箱ってえのを持っていて、毎日シャカシャカやっとるわけですが、たったひとつの注意点がかんなの刃。刃も切れ味が鈍ってきます。

そうなりゃとがにゃなりません。あたしゃ自分でとぎますが、できない人は、近くの大工さんか刃物屋さんでといでもらってるようです。2〜3か月に1回はとぐようにすることと、もうひとつ大切なのが、刃を出しすぎないことです。うまく削れないと、かんなの刃をつい出しすぎてしまうもんです。その気持ちは、よ〜くわかるが、それは気持ちだけにしといて、刃は、本体から木綿糸1本分出るくらい、ほんのわずかに出るくらいにとどめるのが上手に削るコツなんです。

かつお節削りのかんな箱は明治時代に発明されたようです。大工のかんなをじっと見ていた料理人が、そのかんな、「ひっくりけえしてみろい」と言って削ったのが始まりだったとか聞いています。

江戸時代　あるはずのない　かんな箱
時代劇では　たまに見かける

81　かつお節の味比べ　いちばん安いがいちばん旨い

今日は、かつお節をとことん追究してみようと思います。

和食に限らず、だしをとるってことは美味しい料理を作る場合、大切な要素です。特に昆布、干ししいたけ、かつお節は、三大だしのもとと呼ばれるほど、和食では重んじられております。さて、そのひとつであるかつお節ですが、皆さんはどんなものをお使いでしょうか？

かつお節そのものをシャカシャカ削るって人もいれば、削って袋に入ったもの、それにミニパックといって小袋に入った削ったかつお節を使う人などさまざまです。これらは一見すると、皆同じ削ったかつお節ですが、ところがどっこい製造現場を見ると大違いでした。

まず、本節と呼ばれるかつお節ですが、これはかつおをゆでた後、煙でいぶし、カビ箱と呼ばれる箱に入れてカビづけをします。そのカビを一度ふきとってからカビ箱に戻し、再びカビづけです。これを3度くらいくり返すことで、かつお節の旨みが生じてきます。これが、本当のかつお節で、これの削りたてが最もよいだしになるんです。

次に小袋に入ったミニパックですが、これらの大半は、このカビづけをしていないかつお節を削ったもののようです。ですから、削ったかつお節の格好はしていても、本当のかつお節みたいな旨みは出ません。

そしてその中間あたりなのが、大きめの袋に入った削ったかつお節です。これはちゃんとカビづけしたかつお節を削ったものもあります。ちょっと値の張る削ったかつお節はほとんどきちんとカビづけしています。しかし、削ってから時間がたっているため、削りたてと比べたら、話になりません。

だって、朝削ったかつお節を昼に使ったって、もう酸化していて美味しくないんですから、袋詰めにした削ったかつお節の味が落ちるのもしかたないことです。まあ、そんなわけがありまして、あたしゃかつお節ってもの、自分でシャカシャカ削って使っているわけなんです。

さて、とことんこだわるかつお節、お値段の方も比べてみましょ。

82 かつお節の値段比べ　本節1本900円

以前、わが台所レスキュー隊に、こんな質問が寄せられました。

確かに削りたてのかつお節は美味しいのだろうし、削るのもそう難しくはなさそうです。しかし、削って売っているかつお節に比べて高くつくのではないでしょうか？

なるほど、確かに自分で削るカチコチのかつお節ってやつは一見高級そうに見えますし、お歳暮売り場で立派な木箱に入ってるのなんぞ見た日にゃ、誰だって高級品なのね、あたしら庶民はお呼びでないと思っちゃうでしょう。そこで私レスキュー隊長が、消費者センターでもやらないような比較テストをやってみました。

かつお節、比べてみれば♪チーン
今回は、かつお節そのものと、削って50gくらいの袋詰めになったもの、そして、ミニパックと呼ばれる5g入りのものを比べてみました。かつお節そのものは200gもありますので、すべて値段をgで割り算して、gあたりの値段を出してみましたところ、その結果は……。

最も高いのがミニパックで、次が大きな袋詰めの削ったかつお節、そしていちばん安いのが、200gのかつお節そのものだったんです。袋詰めの削ったかつお節が、かつお節の1・5倍、ミニパックに至るとなんと2倍くらいの値段でした。ね～。一見高級そうなあのかつお節が、ミニパックの半値だったなんて、ビックリですがな。

しかし考えてみれば、袋詰めの削ったかつお節やミニパックは、削る手間賃とかビニールパック代とかかかるから、高くなっても当然かもしれません。しみったれの私が、シャカシャカとかつお節削ってるのもわかりますでしょ？　かつお節削りのかんな箱が、高いだろうって？　4000～5000円しますが、あたしゃバザーで買いました。たったの300円で。

第3章　太らない肉と油のとり方

卵・肉・油脂類

83 卵焼きの作り方　何かを混ぜて焼く卵

昔、小学生の頃、遠足の弁当といえば何をおいてもまず卵焼きでした。これだけで歳がばれてしまいそうです。私の生まれた家は料理屋でしたから、卵焼きも、だし巻きと呼ばれる作り方でした。

溶いた卵に濃いめのだしを加え、塩としょう油で味つけしたら卵焼き用の四角い焼き鍋にお玉1杯分、ジューッと流し込みます。それを菜箸でくるっくるっと手前の方に巻いていきて、またお玉1杯だし割卵をジュッと流します。こうやって3〜4回、流し込んでは巻き〜とするうちに太いだし巻き卵ができ上がるんです。

でもにぎりずし用の卵焼きは、また別の焼き方です。だしと砂糖、塩で味つけした溶き卵を一度にドバッと卵焼き鍋に入れ、弱火でじっくり焼きます。これがいわゆる厚焼き卵でして、こちらはすしダネに向いています。卵焼きの焼き方は、その人、その人でいろいろあるでしょうから、ここでは、焼き方じゃなく、焼かれる方の卵についての話です。

卵焼きだからといって、卵や味つけのだし、塩、しょう油、砂糖、そういったものしか入れてはいけないって法律はありません。料理屋では、えびのすり身を入れて焼くことだってあります。ま、それは料理屋の話でしてあたしら家庭で料理する者は、何もえびのすり身とまでは言いまっせん。

よくやるのが、刻んだねぎの入った卵焼き。ねぎのツンとした香りがする卵焼きです。だし巻きにする時に焼きのりを途中で巻き込むと、卵焼きを切った時に黒いうずが見えてとてもきれいになります。また、溶き卵に青のりやしらす干しを混ぜても、ひと味違った卵焼きになります。

ちょいと変ですが、戻したわかめをよくしぼって小さく切ったものを混ぜても、なかなかなものです。ただしわかめをあまり入れすぎると、卵焼きがくずれやすくなるので、ご用心ください。

近頃よく食べているのが、水けをしぼった豆腐をすりつぶして溶き卵と混ぜて焼いた卵焼きです。これは豆腐が多いと本当に固まりませんから、そんな時は、片栗粉を少し加えて固まりやすくしてから焼いています。いろいろな具の入った卵焼きを焼いてたら、たまには普通のだし巻きが食べたくなっちゃいました。

84 ゆで卵の作り方Ⅰ　ことのついでに手間いらず

ゆで卵の作り方は～なんて言うと、何を今さらわかりきったことを言うんじゃない‼　とおしかりを受けそうです。

料理の本なんぞをチラッと見ますとこう書かれてました。鍋に卵とたっぷりの水を入れ、火にかけ、沸とうしたら火を弱くして3分で半熟、10分でかたゆでになります。ゆで上がったら冷たい水にとり、2～3分たって殻をむくと、きれいにむけます。ということです。

まあ、そりゃそのとおりですが、何かもったいないない気がしません？　一度に10個20個とゆで卵を作るんでしたら別にもったいなくもないですが、2～3個のゆで卵を作るのにわざわざ鍋いっぱいの湯を沸かすなんて、しみったれの私にはとてもできない術ですヨ。そこで……。

例えばじゃが芋をゆでる時だって、鍋にじゃが芋とたっぷりの水、それを火にかけるんですから、ゆで卵とまったく同じですがな。だったらじゃが芋といっしょに卵の2個や3個入れてもかまわんでしょうに。じゃが芋はゆでるのに10分以上かかりますが、途中で卵だけお玉で金魚すくいみたいにあらよっとすくいとって、水ん中にとっちゃえばエエんでしょ。みそ汁作る時も最初から卵を入れときゃ、みそ汁ができ上がる頃にゃ、半熟卵くらいにはなってますがな。

ゆで卵を作るなら、ついでにほうれん草や小松菜のおひたしくらいいっしょに進行させましょ。そうすりゃゆで卵を作る10分の時間で、それもひとつの鍋、ひとつの火で、ゆで卵とおひたしの二品できますがな。時間の節約、エネルギーの節約、これぞえーと、今はやりの何とか言うエコ、エコロジーじゃないですか。

ゆで卵　ことのついでに　作るもの

85　ゆで卵の作り方Ⅱ　手抜きは正しい

以前、普通のごはんと、おかゆを一度に作る炊飯器の使い方というのをお話ししましたが、炊飯器というものはまことに利用価値の高いものであるということを、再確認していただこうと思います。

前項で、エコロジーゆで卵作りみたいなことをお話ししましたが、炊飯器を使ったゆで卵作りも、言われてみたらなあ〜んだってェくらい簡単きわまりありまっせん。簡単すぎて話すのがバカバカしくなっちゃいますが、それでは本になりませんのでまじめにやってみましょ。

ゆで卵を作る時、いきなり熱湯に卵を放り込む人はあまりいません。卵が割れてしまいます。水から入れといて、だんだん熱くなっていくから、割れずにうまくできるのです。だったら、ごはん炊くのと同じじゃないでしょうか？

米をといで水加減したところへ、卵をポンと入れとけば、ごはんの炊き上がりが、ゆで卵のでき上がりなんです。卵の上の方が水から出てたって、全然平気。だって炊飯器の中って、炊いてる間は蒸気いっぱいでしょ。お湯にたっぷりつかっているのとたいして違いはありません。

ごはんが炊き上がって、茶碗に盛る前に、卵だけをしゃもじでよいしょと助け出し、1分ほど水につけておけば、殻もきれいにむけますから、これでお昼の弁当のおかずもできるし、ポテトサラダに使うゆで卵もできちゅうってもんです。

ただし、炊飯器ゆで卵の場合、半熟卵はできません。炊飯途中でふたをあけると、ごはんがうまく炊けませんから、半熟はかんべんしてください。家族の誰かが、半熟卵食べたいよ〜などとほざいたら、ドスをきかして、「やわなこと言うんじゃねえ。うちはなあ、ハードボイルドなんじゃい」と（故・松田優作ばりの声で）すごんでください。

86　茶碗蒸しの作り方　蒸し器がなくても

私の実家は、大正時代からの料理屋ですから、調理器具もいっぱいそろってました。茶碗蒸しを作るでっかいドラム缶みたいな蒸し器なんて、一度に30個くらいの茶碗蒸しが作れたんじゃないでしょうか？　生まれた時から、そんな光景を見て育ちましたので、茶碗蒸しを作るのは、水道管工事をするくらいに大変な作業ではなかろうかと思ってましたが、意外や意外、単身上京して自炊をしはじめた私にとって、茶碗蒸しは超簡単料理になってしまったんです。

今さら言うまでもありませんが、茶碗蒸しっていうのは、味のついただしで、溶き卵をゆるくのばして茶碗に入れて蒸したものです。もちろん、その中にほうれん草やぎんなん、なると、鶏肉など好みの具を入れます。

私が幼心に難しそうと思ってたのは、あのでっかい蒸し器のハッタリにはり倒されていたからで、あんなもん蒸し器なしでも簡単にできました。

蒸さなくても茶碗蒸し

- お鍋に茶碗蒸しの茶碗を入れたら、茶碗の半分ちょいとひたるまで水を入れます。
- この鍋にふたをして火にかけ、沸とうしてきたら弱火にして約12〜13分。
- これで、あの茶碗蒸しが楽々でき上がりっというわけです。

ただし、強火でやっちゃうと、すが入ったりして美味しくありません。やっぱり弱火でおし通してください。

茶碗蒸しにする時の卵ですが、1個で2人分といった感じでしょうか？　そしてその卵をのばすだしですが、普通は昆布とかつお節のだしにしょう油、塩、みりんで味つけしたものを、よく冷ましてから使います。

まあ、これが正統的な日本の味なんでしょうが、あたしゃ、チキンスープで卵をのばしたのも好きです。チキンスープにいろいろなスパイスを混ぜた茶碗蒸しって、なかなかおしゃれなもんだし、例えば冬の夜食にするんだったら、残り物のごはんも少し入れて作ってみてください。チキン味茶碗蒸し雑炊みたいになります。でも、この作り方、蒸してないから茶碗蒸しじゃなくて、ゆで茶碗とでも言うのでしょうか？

87 肉の下ごしらえの仕方

美味しくさせて、量を減らす

私は自分で書いた本の中に、肉料理はあまり入れておりません。講演やテレビ番組でも、私はあまり肉料理をしません。そんなもんですから、私のことをいわゆる菜食主義者だと思ってる人が多いようですが、決してそんなことはありません。

それなりに肉を食べています。食べてはいますが、ほかの食品とのバランスを常に考えながら食べていますので、結果としてほかの人より肉の量が少なくなってる、ということです。


肉って栄養もカロリーも、そして旨みもギューッと濃縮されていますから、食べすぎるとすぐにカロリーオーバーになりがちです。少量のお肉をとびっきり美味しく食べるというのが、健康的な肉とのつきあい方だと思います。

そのためには、少量の肉を美味しくする術が重要です。どんな種類の肉でもなには

ともあれ、下ごしらえじゃないでしょうか。塩、こしょうをしておくというのは、もう最低限必要な下ごしらえです、

明日食べる予定のお肉を買ってきたら、切り分けてタッパーに入れ、おろししょうがやにんにく、お酒にしょう油、こしょうなどひと通りの調味料をまぶしてから、冷蔵庫に入れておきます。翌日の夜、この下ごしらえした肉を焼くなり炒めるなりすると、買ってすぐの肉よりはるかに美味しくなってるもんです。といっても忙し好きの日本人、今買ってきた肉を、今すぐ食べたいというのもよくある話。

そういう時は、肉をボウルにとり、塩、こしょう、またはしょう油、それにお酒、なんならウスターソースなどでもけっこうです。下味をつけたら手でもってしっかりもみ込んでください。特にスライスした豚肉などもみ込むことで、あっという間に下味がつきます。下味や肉もみ込みをせずに炒めて最後に味つけした料理より、この方がはるかに美味しくなるようです。パックから出したお肉、そこに塩をふって、30秒もみ込むだけでも大違いなんです。

健康的にお肉を食べるために「少ない肉を、とびっきり美味しく」というのはいかがでしょ？

88 かたい肉の使い方

安い肉でもOK

私、大学が農学部でして、その頃農業実習をかねて沖縄に行きました。1975年頃ですから、本土復帰はしたものの、まだ車は右側通行でして、バイクで走りながら危うく対抗車線にとび込みそうになったもんです。

それ以来もう5～6回は沖縄を訪ねていますが、いわゆる観光じゃなく、食生活や食習慣の調査などが中心となって一度行くと10日～半月ばかり滞在するんです。そうやって沖縄の長寿老人たちの食生活を調べたりするんですが、最初に行った時は農学部畜産学科の学生でしたから、牛肉、豚肉、焼き肉などを中心に勉強したもんです。沖縄では豚肉がよく食べられていますが、戦後米国軍がドドーッと駐留するようになると、ステーキハウスがドドーッと増えてきました。

しばらく米国の統治下におかれてましたから、安い米国の牛肉が、流通しておったんです。しかし、米国の牛肉って日本のものに比べると、脂肪が少ない上にすごくか

たいんです。どちらかというと、サシの入ったやわらかい牛肉を、薄切りにして料理するのが日本の牛肉料理ですから、米国産の牛肉の分厚いステーキなんぞ、とてもかたくて歯が立たないんじゃなかろうかと思いつつ、有名なステーキハウスに入ってみました。

値段はよく覚えてませんが、東京で食べるステーキの半値以下でした。そこで食べた米国産の牛肉ステーキが、とってもやわらかいんです。というか、もともとはかたかったんであろう肉を、とてもやわらかく焼き上げてます。不思議に思い、そこのマスターに頼んで、台所を見せてもらってビックリギョーテン、ステーキ用に切った肉をすりおろしたパイナップルにつけ込んでおるんです。それ以外にスパイスやワインも混ぜるそうですが、基本的にはパイナップルに肉をつけ込む。これがやわらかくするコツでした。確かにパイナップルにはパパインが含まれていますから、これが、肉をやわらかくしておったのでしょう。

これじゃ、これじゃ、これが秘伝だったんじゃと大喜びしたのも束の間、貧乏大学生だった私ですから、東京に帰ってきても牛肉なんぞ、まったく買えずじまい。あんまり役に立たん秘伝の発見でした。

89　とんコマキャベツの作り方

とんコマ50gで十分旨い

いろんな野菜のたっぷり入った野菜炒めって、野菜をたっぷりとることができるから、ひとり暮らしの大学生なんかにも人気のメニューなんですが、今日はちょいと変わった野菜炒めをご紹介します。

野菜炒めっていうと普通10種類くらいの野菜と豚や鶏の肉をたっぷりの油と強火でジャージャー炒めるって感じですが、今日のは、野菜はキャベツだけ。たっぷりのキャベツとちょっぴり豚のコマ肉で作る、とんコマキャベツ炒めです。

キャベツ¼をざく切りにしたものが1人前です。これを中華鍋に入れ、ふたをして中火にかけます。キャベツの水分で蒸し焼きになるため、焦げつきません。とんコマ1人分50gをボウルにとり塩、こしょうしてよくもみます。その後でティースプーン1杯の片栗粉をよくからませて下ごしらえOKです。

中華鍋の中のキャベツは、時々ひっくり返し約2分、だいたいキャベツがしんなり

してきます。そのキャベツの上に塩、こしょうをもみもみして、片栗粉のおしろいつきとんコマを並べます。そこにお玉⅓くらいの酒をふりそそぎ、すぐにふたをします。やはり中火で1〜2分たつと、とんコマのまわりの片栗粉が透明になっておりますので、ふたをとってフライ返しでキャベツとよくかき混ぜながら、水けをとばしていきます。

ただし、強火にしたり、かき混ぜるのを休んだりすると、片栗粉が焦げちゃうから気をつけてください。最後に塩かしょう油で味を調えてでき上がりです。蒸したキャベツの甘さと、お酒の甘さに片栗粉の旨みがとろんとからんでいます。たかだか50gのとんコマですが、あらかじめ塩、こしょうしてよくもむだけで旨みがだんぜん違います。

それに片栗粉って、肉やキャベツから出た旨みをしっかり包んでくれてて、全体に旨みが広がっているのです。

とかくカロリーが高くなりがちな炒め物も、このようにサラダ油まったくなしで、しかも50gくらいの豚肉でしたらなにもびびることはありません。ハフハフ言いながら、明日の昼ごはんで食べてみてください。

90　キャベツ蒸し鶏の作り方

少しの肉と大量キャベツ

肉がドーンとメインディッシュとなると、どうしても野菜が不足ぎみです。とんカツについているキャベツなんて、一見山盛りですが、あんなもんキャベツ1枚か、いいところ2枚。ステーキのつけあわせ野菜だってアスパラガスとにんじん、じゃが芋がちょこっとです。あれじゃ絶対に体調をくずします。今日ご紹介するのは、鶏肉や豚肉をたっぷり使いつつも、野菜もたっぷりとれるという料理です。

本当は、せいろを使うんですが、ふたのついた中華鍋でもできますので、そいつをいってみます。

材料の肉ですが、鶏肉ならムネやモモを一口大に切ります。豚肉もブロックなら一口大、スライスでもかまいません。それらの肉を、しょう油、酒、おろしにんにくに1時間くらいつけておきます。

中華鍋にキャベツをたっぷり敷きつめます。一枚一枚はがしたキャベツを縦半分に

切って、これでもかっていうくらい敷きつめます。次に細く切ったにんじんと薄切り玉ねぎをパラパラとまきちらします。

さて、お肉ですが、しょう油と酒をかなり吸い込んでおります。ここに片栗粉を少しふってよく全体にまぶしたら、中華鍋全体にまきちらしてふたをのせ、中火にかけます。油はまったくひいていませんがふたをしているため、キャベツから出た水が、中華鍋にたまっていきますので焦げることなく、鍋の中全体が蒸し焼き状態です。

ふたのすき間から蒸気がもれはじめたら弱火にして約5分。その後はふたをあけて、少し水けをとばしてでき上がり。敷きつめたキャベツはしんなりして、見た目には⅓くらいに減って見えます。そのキャベツごと大皿にデーンととって、中華鍋に残った汁を上からかけます。肉の下味が全体に行き渡っているので、後はペッパーくらいで十分。たっぷり野菜を簡単な蒸し焼きでどうぞ。

91 鶏レバーの作り方 保温調理で極楽膳

料理の本やテレビの料理番組で鶏のレバー料理を見ることがありますが、正直言って手間のかけすぎです。その上、加熱しすぎてるからレバーがかたくなってるし、においも強くなってるため、どうしても味つけが濃くなるんです。今日ご紹介するのは、およそ手間いらずなのに誰がやってもフワッとやわらかくいやなにおいもない上、口の中でとろけるようなレバーの自然の味が楽しめるという、ウソのようなレバー料理です。

まず、鶏レバーを半分くらいの大きさに切って、うすい塩水に30分くらいつけておき、ざるで水けをきります。大きめの鍋にたっぷりの湯を沸かします。グーラグラと沸とうしたら、鶏レバーを一気に全部鍋に入れてふたをします。これで火を止めて終わりです。これだけだとあまりにも素っ気ないので、ここでひと工夫します。

火からおろした鍋をタオルケットか毛布でしっかりくるんじゃいます。こうしてくるんでおくこと15分。毛布のおかげで鍋の中はまだまだあつあつです。15分たったら鍋の中のレバーを網じゃくしで引きあげて、お皿に盛りつけてください。もちろん火は十分に通っていますが、とってもやわらかだし甘みすら感じます。

レバーって料理の本に書いてるみたいに、煮つづけると必ずかたくなるし、いやなにおいもどんどん出てくるものなんです。グラグラ沸とうしている時、お鍋の中は100℃です。そこにレバーをドドッと入れますから、一気にお湯も90℃くらいに下がります。そこで火からおろして毛布なんぞで包み込むと、15分たっても、まだ80℃くらいはあるわけです。

肉を美味しくゆでるには、このあたりの温度が化学的に最もいいようです。こうしてゆでたレバーは味つけなしでも十分に美味しいですが、このレバーをつぶしてマスタード、塩、こしょうを混ぜたレバーペースト。このペーストを塗ったフランスパン。そのパンを食べながら飲むワイン、これがたまらんとです。何言ってんでしょうか？私。鶏レバーの極楽料理でした。

92 鶏わさの作り方
ゆで鶏皮でさっぱり味

私の本に鶏皮の料理をいくつか書いたもんだから、雑誌とか、テレビの番組とかで鶏皮料理をやってくれっていう依頼が、やたら多いのです。あんたら、鶏皮は珍しいのかもしれんが、ワシら貧乏人、なあんも珍しかないわいと思いつつも、しかたなしに実演してみせる今日この頃です。

焼き鳥屋に行くと、鶏皮焼きっていちばん安いんですが、スーパーや肉屋に行くと、それはそれは、ハハーと土下座したくなるほど安いものなんです。１００g30〜40円は当たり前、私の住む東京で、最も安い店は１００g15円です。あたしのようなしみったれが買わないはずはありまっせん。とはいえ15円にぎりしめて１００g買うのもしゃくだから、太っ腹で１kgまとめ買いしちゃうんです。といっても１５０円ですが……。

こいつをたっぷりの湯にぶち込んで、３〜４分しっかりゆでると脂やアクが抜けますので、ザザーとざるにとります。そのざるに湯沸かし器の湯をかけながら、鶏皮を手でもみますってえとますます、脂が落ちていきます。そうしたら、冷たい水でよく洗って下ごしらえは完了。

水けをよくきったらまな板にのせて鶏皮をできるだけ細く細く切ります。これを小鉢にとり、薄切りのきゅうりやみょうがが、花らっきょうなんぞを添えて、しょう油をちらっとかけ、わさびであえればでき上がり。

あの脂っぽい鶏皮とは思えないほどあっさりとした鶏皮わさ。すりごまや1～2滴のごま油なんぞ落としたり、ゆずとかすだちをちらりとしぼるとなんとも上品な大人の味。わざわざ鶏皮を買わなくっても鶏の胸肉についてる鶏皮をひっぱがして、もう一品作るってえと、ちょいと得した気分になる……のはやっぱり……私だけかしらん。

乾き物　買わず　かわりは鶏の皮

94 過酸化脂質のリスク 肺にくっつく油が危ない

近頃、健康雑誌などで過酸化脂質って言葉をよく見かけます。酸化した油が体の中に入ってくると遺伝子や細胞を傷つけがちになり、それがガンになる原因のひとつらしいと言われています。

油っていうものは古くなると自然に酸化しますから、あんまり古い油は使わない方が安全といえます。また、新しい油でも熱を加えると、急激に酸化が進みます。ですから、1週間に3度も4度も揚げ物を食べていると、かなりの酸化した油を体内にとり入れていることになるんです。あたしとて、まったく揚げ物を作らないわけでも食べないわけでもありませんが、その回数はかなり少ないと思います。春先など、たらの芽やふきのとうの天ぷらを食べます。

一度、天ぷらを揚げた油はオイルポットにとって暗いところに置いておき、少しずつ炒め物に使い、その油を使い終わってから次の揚げ物を新しい油で揚げるというや

94 過酸化脂質のリスク　肺にくっつく油が危ない

近頃、健康雑誌などで過酸化脂質って言葉をよく見かけます。酸化した油が体の中に入ってくると遺伝子や細胞を傷つけがちになり、それがガンになる原因のひとつらしいと言われています。

油っていうものは古くなると自然に酸化しますから、あんまり古い油は使わない方が安全といえます。また、新しい油でも熱を加えると、急激に酸化が進みます。ですから、1週間に3度も4度も揚げ物を食べていると、かなりの酸化した油を体内にとり入れていることになるんです。あたしとて、まったく揚げ物を作らないわけでも食べないわけでもありませんが、その回数はかなり少ないと思います。春先など、たらの芽やふきのとうの天ぷらを食べます。

一度、天ぷらを揚げた油はオイルポットにとって暗いところに置いておき、少しずつ炒め物に使い、その油を使い終わってから次の揚げ物を新しい油で揚げるというやましてや外食したり、テイクアウトの弁当に使われる油の量は、かなりのものです。そういったところから油が体内に入ってきているのが現実ですから、家庭での油をちょっとばかり減らさなきゃ、油のとりすぎになっちまいます。

何度かお話ししましたが、植物油だからヘルシーというのは栄養学の世界では、はるか過去の話でして、今の日本人、植物性、動物性を問わず、油の摂取量を落とすことが、ガンや生活習慣病になりにくい体をつくることにつながると思います。

もちろん油とて大切な栄養素ですが、これは、食品の中に含まれているものを自然のままでとるようにした方が、いいように思えます。

大豆やごまなどは30～40％も油を含んでいます。ほうれん草やかぼちゃだって、いわしだって油を含んでいます。そういった食品を食べて吸収できる油の量で、本来はこと足りるちゅうのです。

炒め物や揚げ物に使う、しぼりとった油は、いわば、人にとっては余分なぜいたく品です。でもぜいたくしたいのが人の情というもの、とりすぎない程度の油にして、健康に生きていきたいものです。

93 油の使い方

知らずにとってる油の多さ

私は、食生活相談を受ける時や、ダイエット相談の時などには、油をたくさんとってしまう揚げ物は、なるべく控えるように言っています。といっても、まったく食べるなと言ってるわけではないので、炒め物までいっさい油なしにしてテフロン加工のフライパンでやれとはいいません。

一度揚げ物をしたら、残った油を少しずつ炒め物に使い、油を使いきったところで、揚げ物をする。といったくらいのサイクルで油を使うのが、体にとって無理がないと思っています。50年ほど前までの日本人だって割と揚げ物はしていましたが、それとて今日ほどではありません。

それに昔と違って、今では目に見えないところで油を食べちゃってるんです。

例えば、お菓子のたぐいで油を使ってないものを探すのは至難のワザです。ソーセージ、さつま揚げなどをはじめ、加工食品もほとんど油が加えられているようです。

すので、ザザーとざるにとります。そのざるに湯沸かし器の湯をかけながら、鶏皮を手でもみますってえとますます、脂が落ちていきます。そうしたら、冷たい水でよく洗って下ごしらえは完了。

水けをよくきったらまな板にのせて鶏皮をできるだけ細く細く切ります。これを小鉢にとり、薄切りのきゅうりやみょうが、花らっきょうなんぞを添えて、しょう油をちらっとかけ、わさびであえればでき上がり。

あの脂っぽい鶏皮とは思えないほどあっさりとした鶏皮わさ。すりごまや１～２滴のごま油なんぞ落としたり、ゆずとかすだちをちらりとしぼるとなんとも上品な大人の味。わざわざ鶏皮を買わなくっても鶏の胸肉についてる鶏皮をひっぱがして、もう一品作るってえと、ちょいと得した気分になる……のはやっぱり……私だけかしらん。

乾き物　買わず　かわりは鶏の皮

り方です。

ですから揚げ物って1か月に1回か1回半くらいですが、この程度の油のとり方が、肥満や生活習慣病になりにくい食生活の基準だと思います。また、揚げ物の場合、食べて胃や腸に入っていく油だけではなく、揚げてる間に空中に油が散らばっていて、それを私たちは吸い込んでいるんです。

吸い込んだ油は肺に付着します。タバコを吸う人の肺にニコチンやタールが付着しているように、揚げ物をバンバンしている人の肺にはやはり油が付着するんです。まして肺というのは呼吸をするところですから、常に新しい酸素が入ってくるため油の酸化も進むそうです。ピンとこない方は中華料理や揚げ物をひんぱんにしている台所の換気扇をよく見てください。

換気扇は台所の空気を吸い込むところです。人間も同じように吸い込んでいます。換気扇にべっとりくっついた油汚れ。強力な洗剤でもなかなか落ちないものです。あれほどではないにせよ、われわれの肺にも揚げ油がとび込んできているんです。

別におどかす気はサラサラありませんが、正しい情報を知った上で、どういう食生活を選ぶのか、油とどうつきあうのか？　判断するのは、個人の問題だということです。

95　不用油炒め物のやり方　チーズの脂肪を少しだけ

ダイエットをする時、油をまったくとらない食事をする人もいます。いくら油減らしとはいえ、人の体にとって、油がまったくの不要品とはいえません。成長期の子供にとってリノール酸を含む油は大切なものですが、今の日本人の食生活においては、かなり油のとりすぎになってると言えます。特に加熱した油をあまりとらないようにしたいものですが、油がないと炒め物もできんじゃないか？　と思ってはいないでしょうか？　料理の本などで見ると炒め物の場合、必ず、油大さじ何杯をフライパンにひいてと書いていますが、それはそれ、本はそこに置いといて油なしでやってみましょ。

薄く切ったじゃが芋と玉ねぎを中華鍋にバサッと入れます。

そこにお玉½くらいのお酒を入れてふたをして中火にかけます。ふたをしているから水分はなかなか蒸発しません。

中華鍋の中は酒蒸し風呂となっていますから、じゃが芋、玉ねぎに熱がどんどん伝わってやわらかくなるのもあっちゅう間、次にふたをとって、チーズの出番です。ごく普通のチーズを右手に、左手にはおろし金、中華鍋の真上でチーズをグリグリおろすってえとボロボロおろしチーズは中華鍋ん中、これをフライ返しでよくかき混ぜりゃ、水分も蒸発していって、じゃが芋、玉ねぎのチーズ炒めのでき上がり。

ふたをして中火で蒸すってやり方をとり入れると、油なしでも焦げつかず、材料に火が通ります。最後におろして入れたチーズの量も、たいした量でなくともとてもコッテリした味がつきます。

やみくもに油をやめる必要なんぞありませんが、ちょいとした工夫で、手軽に美味しいじゃが玉チーズ炒めができるんですから、たまらんじゃが。違うって、玉ねぎじゃが……。

96 スープストックの使い方

一度に作って丸ごと冷凍

寒くなるとストーブを出します。うちのは石油ストーブで、上にやかんなんかをのせられるタイプですから、いつもやかんをのっけてお湯を沸かしています。と言ったってやかん1杯なんて30分もかからずに沸いちゃいますし、お風呂じゃないんだから、そうそうお湯ばっかり沸かしてもしかたありません。

そんな時には、鶏ガラと水を入れた鍋をストーブにのせてチキンスープをとることにします。30円くらいで買える鶏ガラですが、半日もコトコト煮ると、とっても濃厚なチキンスープがとれます。最初の5～6分はアクが出ますから、それをお玉でとっちゃうと後はふたをして弱火でコトコトやるだけの手間いらず、しかもストーブの上だから、いやでも弱火です。また、ねぎや玉ねぎとか、冷蔵庫でひからびそうになったくず野菜をいっしょに入れても、とてもいいスープがとれるんです。

さて、このスープ、文字どおりスープとして飲むのは当然として、うちの場合、冷ましてから冷凍にしています。そうしておいて、煮物や炒め物を作る時に引っぱり出して使うんですが、この冷凍の仕方が変なんです。スープを10㎝四方、深さ7㎝くらいのタッパーに入れて冷凍にします。使う時は、カッチンコッチンに固まった10㎝四方のスープ氷を、鍋にコロンッと入れて火にかけると、スープはみるみる溶けていきます。その日の必要量が溶けたら、溶けていないスープ氷をとり出して、今度はビニール袋に入れて冷凍に戻します。

以前は氷を作る製氷皿で小さなブロックスープ氷にしていましたが、でっかいままの方が、使いやすかったので今はこのやり方です。ただ、あまり長く冷凍していると臭みがついてきますので、早めにお使いください。このスープで料理がドドーンッと美味しくなりますのよん。

97　ラーメンスープの作り方Ⅰ

手抜きでここまで手作り可

ラーメンのスープを自分で作ってみたことありますでしょうか?　ラーメン屋さん

でやってるように、寸胴の中に豚の骨や野菜を入れて何時間も煮出したスープは、確かに美味しいものです。

私も時間のある時は、昼間っからコトコトやって作りますが、忙しい時はそうもやってられません。そんな時でも、そこそこうまく仕上がるのが手抜きラーメンスープです。

まず、鍋に水を入れますが、1人前当たりラーメン丼⅓くらいの水です、次に鶏ガラです。1羽で4〜5人分とれます。これは小さく折ってから入れた方が、早くだしが出ます。しょうが、にんにくは好みの量をおろして入れます。キャベツ、白菜などを1枚入れます。刻んだねぎと玉ねぎ、それからりんごの芯、これがすごく旨いんです。変ではありません。そして昆布（1人4㎝角）と煮干し（1人2本）と削ったかつお節（1人半つかみ）を入れ、最後に中華でよく使う八角の角を1本だけ入れます。入れすぎるとしつこいので、4人前以下でしたら1本の半分にしてください。

これを強火にかけると、沸とうしてからすぐにアクが出てきますので、2〜3分はアクをすくいます。その後中火に落として、ここで味をつけちゃいます。まずみりんを少し入れたら、塩、しょう油、みそなど好きな調味料で味を調えてください。これは、ただ飲むだけのスープじゃなく、麺といっしょに食べるラーメンスープですから、あまりうす味だと美味しくありません。

さて、味が調ったら仕上げです。ゆでた麺をざるでよく水けをきって丼に入れます。そこにこのスープをかけるんですが、鶏ガラだの野菜だのがワヤワヤ入ってやかましいスープです。麺の水けをきったざるを丼の真上に持っています。その上からスープを丼にかければ、だしガラはざるに残って丼には入りません。このスープ、もとの水が丼⅓ですから、店で食べるラーメンほどたぷたぷではありません。むしろ少なすぎるくらいですが、もともと塩分の多いラーメンスープです。少なめで十分じゃないでしょうか。

好みでこしょう、焼きのり、刻みねぎなどをのっけてあつあつをどうぞ。

98　ラーメンスープの作り方Ⅱ　スープの量で塩分調整

あたしゃ、一日に1食は麺を食べたいと願うくらいの麺好き。いわば麺食いおじさんです。日本そば、うどん、きしめん、ラーメン、スパゲティー、ビーフン、皆それぞれに特徴があって好きですから、その日の気分であれこれ作っては食べています。

ただ麺類にもいろいろな食べ方があってざるそば、ざるうどんみたいなつけ麺タイプ、スパゲティーのようなソースかけタイプ、焼きビーフン、焼きそばのような炒めタイプ、そしてかけそばみたいなおつゆタイプと、おおざっぱに分けられます。ここでとりあげるのは最後のおつゆタイプの麺類についてです。

関西のおつゆは、だしと塩が中心ですから、かなりすき通った色ですが、関東のつゆはだしとしょう油が中心なので、しょう油色の濃い色です。まあ、それはその人の好みですから塩だろうがしょう油だろうが、はたまたうちは、ウスターソース味だとか、いや、みそ味だとか、皆さまで勝手に決めることです。私がいいたいのは、そのおつゆの分量のことなんです。

うどん屋さん、ラーメン屋さんで食べる時、おつゆは丼に目いっぱい入って出てきます。あれを全部飲んでたら一日の塩分摂取量の上限なんてポーンと超えてしまいます。だからよく成人病予防講座なんかで麺類の汁は残すようにしましょうなんて言うんです。

これを、もし塩分をグーッと控えめに作っちゃうとどうなるでしょうか？　結論からいっちゃいますが、美味しくありません。そもそも麺には味がついていないんです。おつゆの味で食べるんですから、おつゆにはそこそこの塩味が必要です。

でもそれだと塩分が多すぎる。だったらおつゆの量をこれまでの半分に減らしてみてはどうでしょう。お店で食べるほどたっぷりなくったって、十分美味しくいただけます。うちでは鶏ガラなどでラーメンのスープを作りますが、その分量はお店で出るものの半分そこそこです。

そこに炒めた野菜をたっぷり添えたラーメンなんですが、鶏ガラの旨みいっぱいのスープを最後の一滴まで飲んでも塩分は½。スープの物足りなさは、たっぷり添えた野菜炒めが補ってくれます。

せっかく作ったスープを体に悪いからと残すより、最初から少なめのスープにして全部いただく方が、ムダがないように思う私ってしみったれてるんでしょうか？

99 冷やし中華スープの作り方　手軽に作れる方法

40年くらい前のことですが、ジャズピアニストの山下洋輔さんたちが、全冷中というのをおっぱじめて、お祭り騒ぎになったことがあります。全国冷やし中華連盟とかいうんですが、簡単にいっちゃうと、冬場も冷やし中華を食べたいという山下洋輔氏のわがままから始まったものです。

実は私も冷やし中華は大好きですが、山下さんは外のお店で食べるから、夏場しか食べられんのでして、私みたいに自分で作っていれば冬でも秋でも美味しい冷やし中華にありつくことができちゃうんです。

冷やし中華を麺とスープと具に分けます。麺はゆで麺や乾麺、変なところでは、はるさめを代用してもけっこういけます。具もお好みでいいです。きゅうりや錦糸卵、なると、ほうれん草やもやしのゆでたの、しいたけや焼き豚、それこそ好きなもんを細く切ってのっければええんです。となると残りはスープですが、今日はうちでいつもやってる簡単な冷やし中華のスープをご紹介します。

冷やし中華スープの作り方

- すり鉢を用意します。そこに干しえび、ごま、にんにく、ちりめんじゃこ、そしてみそを少々加え、すりこぎですります。
- ここで唐辛子の出番ですが、韓国産の粉唐辛子をみそと同量入れます。国産唐辛子みたいに辛くないので多めに入れても大丈夫です。
- それにしょう油、みりん、酢を加え、ドロドロになったら冷やし中華スープのペーストはでき上がりです。
- そのペーストを鶏ガラスープに入れて弱火にかけ、ひと煮立ちしたところで味を調えて冷まします。
- 冷めたらもう一度味見をしてください。
- たぶん酸味が足りなくなってると思います。酢やレモンなどで加減して、最後にごま油かラー油を少したらしてでき上がりです。

鶏ガラスープは鶏ガラをメキメキと折って鍋に入れ、昆布、煮干しを加えて煮ただけのものです。沸とうしてから10分くらいで大丈夫です。そこに例のドロリンとしたペーストを入れてください。韓国ではコチジャンという唐辛子みそを使いますが、コチジャンなしでもけっこううまくできるし、多めに作って瓶にでも入れとけば冷蔵庫で1週間はもちます。

ちょいと暑い日に冷たい冷やし中華、手作りでどーぞ。

100 肉食のススメ　ほどほどの肉は活力のもと

最近、肉の食べすぎは良くないと言われています。この本でも、肉の食べすぎには気をつけましょうと何度も言ってきました。しかし、ここで間違わないでください。食べすぎが良くないのであって、食べない方が良いと言ってるわけではありません。

鶏肉、豚肉、牛肉、種類は違っても肉類にはそれぞれ、ほかのものにはない良さもあるんですから、極端なまでに肉はとらないってのも本当は、あまり良いこととは思えません。肉の良いところ、それはいろいろありますが、今回は、肉のタンパク質が、といったような話ではなく、あまり知られていない、というかとりあげられないけれど、人が生活する上でとっても大切な肉のいいところをとりあげてみます。

法律できびしく禁止されている麻薬。これを使うと、人間の脳の中には幸福感や満足感が、あふれんばかりに満ちてきます。これは人にとってはとてもここちよいものですが、麻薬を使っていると幸福感も得られるかわりに体もボロボロになります。だから、法律で禁止されているんです。

しかし、脳の中の快感を感じる部分に麻薬を使わなくても、幸福感を与えることのできる物質もあるんです。これらを、名前は悪いんですが脳内麻薬といいます。

これらは人間の体の中で作られるんですが、それを作るのに役立っているのがお肉なんです。詳しいことを言いだすと、長くなっちゃうのでやめときますが、アナンダマイドという物質が人間の脳に働きかけると、幸福感、満足感がわき上がってきます。

そのアナンダマイドを作り出すのに、肉が役立ってるってわけなんです。肉を食べるのは法律で禁止されてるわけじゃないので、合法的に脳内麻薬に酔いしれることができるんです。

人が生きていく上でこの満足感や幸福感は大切です。それが、生きる活力となることもあります。要は食べる量、バランスの問題なんです。食べすぎないように、野菜や豆や穀物を十分にとった上で上手に肉を食べるというのが、体と心と両方にやさしい食べ方だと思います。

第4章　ごはんだごはんだ！

穀物類（種実類）

101 ごはんの炊き方　火にかけるのは6〜7分

ごはんを炊くって言葉、当ったり前のように毎日使っておりますが、これ、日本語としておかしくはありませんか？　米をとぐまでは確かに人の手によってなされますが、水加減は炊飯器に刻まれた目盛りに従うわけだし、その後は炊飯器のスイッチをポンとするだけですがな。だから日本語で正確に言おうとすると、炊飯器にごはんを炊いてもらってる、とか炊かせてるって言うべきです。

その証拠があります。何年か前、台風19号が来た時、秋田あたりで3日間停電になりました。ガスや水道はしっかり通ってたにもかかわらず、電気炊飯器を普段使ってる人の大半は3日間の間ごはんを炊かなかったそうです。水加減から火加減、火を止めるタイミングなど、まったくわからん人がすごく多いみたいです。

なにも若い世代に限ったこっちゃありません。以前、米どころの新潟で有機栽培米を囲む集まりに呼ばれた時もそうでした。参加の大半が高齢の方です。にもかかわらず、かまどを使って大きな羽釜でごはんを炊くとなると、水加減からまきの入れ方、火力の調節、まきを抜くタイミング、誰ひとりとして自信がないとのことでした。

結局、彼女たちの子供くらいの年齢の私が炊いたんですが、皆、魔法を見るように見つめていました。人間って一度便利なものを手にすると、五感というか、感覚がにぶっちゃうんじゃないかと思い知らされたもんです。

ごはんくらい、ふたつきの鍋で炊けます。今日実験してみてください。

ふたつき鍋で炊飯
- 米２合をよくとぎます。水加減は米の上１・５㎝くらいです。１時間以上置いときます。
- ふたをして強火にかけます。
- そのうちふたのすき間から、ブクブクと泡が出るくらいに沸とうしてきたら、弱火にしてください。
- それからだいたい５分くらいで、それまでフゴフゴ、ブクブクいってたのが、静かになってきます。

・鍋に耳を近づけて、鍋底からパチパチっていう音が聞こえたら火を止め、15分そのままで蒸らします。
(火を止めた後、鍋をガス台からおろして毛布かタオルケットでくるんどいてやると、より完璧に蒸らせます)

電気より早く炊けるし、鍋底のごはんのこうばしい香り。クセになっちゃいます。

102 菜飯の作り方　大根葉、かぶの葉、セロリの葉

若いお母さんから質問を受けました。「大根の葉っぱを使って菜めしを炊いたんだけど、葉っぱの緑色が落ちてまったく見た目が悪いし、大根葉もぜんぜんシャキシャキしていない。どうしてでしょうか?」っていうものなんです。詳しく聞いてみるとこの方は、炊飯器に米をセットした時に切った大根葉もいっしょに入れて炊いたそうです。

「そりゃあなた色もあせましょう、歯ざわりも悪くなりましょう」。当然でございます。あまりに当たり前のことをいうと経験豊かなベテラン主婦の皆さまに怒られそうですが、世の中にはまだ菜飯の炊き方でつまずいている人もいるのだなあと、ここはまあひとつ、寛大な気持ちで聞いてください。

菜飯って、菜つまり葉っぱを混ぜたごはんであって、葉っぱを炊き込んだごはんじゃありません。つまり、米といっしょに大根葉を炊くんじゃなくて、炊き上がったごはんに、大根葉を混ぜて蒸らしたものなんです。ということは炊き上がったごはんに、みじん切りの大根葉を混ぜてしばらく蒸らせばいいような気もしますが、それだと大根葉の水分がドドッと出るため、ごはんがベタついてきます。

そこでまず水分を抜く下ごしらえが登場します。みじん切りにした大根葉に塩をまぶし、手でしっかりもんでいると、だんだん水分が出てきます。この時、しっかりもみつづけて、できるだけ水分を抜いておくことがポイントです。そしてこれをしっかりとしぼってから炊き上がったごはんに混ぜて蒸らします。電気炊飯器でしたら、ここでもう一度炊飯器のボタンを押すと、4～5分でカチッと保温に切りかわると思います。

こうすれば、余分な水分はほとんど抜けていて、ベタつかなく、緑鮮やかな菜飯に仕上がります。菜飯というと大根葉がよく使われますが、かたゆでの菜の花もおいしいし、かぶの葉も香りいいものです。香りといえば、セロリの葉っぱ。この菜飯は香りがよく、とてもおしゃれ。肉料理の時など、セロリの菜飯ってホントに美味しいからぜひやってみてください。

103 さつま芋ごはんの作り方

秋の味覚、栗でなくとも

黄色い栗の入った栗ごはんは秋の味覚。とはいっても栗ってのは皮むきで手こずらされちゃいます。横着者の私としては、一見栗ごはんに見えんこともないニセ栗ごはん、そう、さつま芋ごはんで代用しちゃうんでーす。

さつま芋が関東（江戸）に入ったのは18世紀、青木昆陽によってです。その百数十年前に長崎、その前が琉球です。デンプンやビタミンの多いさつま芋は米の代用として活躍し、飢饉の時など重宝されました。先の戦争中や戦後は貴重な食料としてたくさん作られましたが、その頃のさつま芋はあまり甘みもなく、ただでっかいだけだったようです。しかし今日のさつま芋は砂糖でも入っとるんじゃないかと思うほど、ムチャ甘い。このムチャ甘いさつま芋を使って炊くのがさつま芋ごはんです。

さつま芋ごはん

- 米をといで水加減をする。
- その上に1～2cm角に切ったさつま芋をそっと並べる（重ならぬよう、米全体をおおうように）。
- 普通に炊飯する。
- こうして炊き上がったらふたをとって中をのぞいてみてください。米の上に並べたさつま芋は、米を炊く間に蒸し芋になっています。しゃもじでごはんとよく混ぜ合わせてでき上がり。

ごまなんぞをパラリとふって食べてごらんなさいまし、栗ごはんなんぞよりずーっと甘いさつま芋ごはんでございます。「栗より甘い十三里」なんちゅう言葉があるくらいですがな。さつま芋って、ひじきほどではないにせよ繊維質もたっぷり含まれていますから、白米だけで炊くよりもより栄養価が高いってもんです。
秋になるとうちの近所にある庭園美術館に弁当を持って日なたぼっこに出かけるんですが、その時にはこのお手軽さつま芋ごはんにさんまの蒲焼き、そしてぎんなんっていう組み合わせになっちゃうんです。なかなかええよお、ポカポカ陽気、木製の弁当箱、下駄つっかけて……。

さつま芋　とことん極めりゃ　芋焼酎
本場鹿児島　伊佐美に敵なし

104 ひじきごはんの作り方

ミネラルいっぱい、作るの簡単

今の時代、食生活の世界において正義の味方になるのはいたって簡単なことなんです。

「皆さーん、もっとカルシウム」。これを声高に叫んでおればもうそれだけで正義の味方、といっても過言ではないくらい全国あげてのカルシウムもっととれ運動は正に花ざかり。そんな時代において、カルシウムはもとより、鉄分、カリウムなどのミネラルと繊維質をたっぷり含んでおりながら、カロリーゼロ‼　というすぐれものがひじきなんです。

生ひじきっちゅうのも海の近くなら手に入りますが、普通は干した乾物のひじき。大豆といっしょに煮た豆ひじきや油揚げ、にんじんといっしょに煮たものなど、なんとなく「おふくろの味」的懐かしさがただよいます。しかし講演の時などに聞いてみると、ひじきを自分で調理して食べている家庭はごく少数派なんです。芽ひじきなんて**水につけること10分**でやわらかく戻ります。太いひじきでも40分とかからず戻ります。後はその戻し汁ごと煮て味つけすりゃでき上がりですがな。いたって簡単なもんやないかと思うですが、当世の方々には、「めんどうくさい」ことなんじゃそうな。

じゃあ、ひじきを食べたい時はどうすんの？　スーパーやコンビニで小さなパック入りひじきの煮物を買うそうですが、ああいうひじきを食べて本当に体にええんじゃろうか？　だって砂糖やしょう油、化学調味料でコテコテに濃い味をつけとるし、添加物も使うとるわけでしょ。塩分、糖分コテコテにつけたひじき料理じゃなんのためのノンカロリー、高ミネラルひじきかわかったものじゃありません。貧血ぎみの人や便秘ぎみの人などはもとより、毎日少しずつでもひじきをとることでミネラルバランスはかなり良くなると思いますから、この際、まーったくの手間いらずで、ひじきを美味しく食べる方法を考えましょ。

ひじきごはん
- できるだけ細く小さい芽ひじきを買っておく。
- ごはんを炊く直前、米1合に対して洋食用さじ1杯くらいの芽ひじきをパラパラとふりかけて炊飯を開始する。
- 炊き上がったごはんを上を下へとかき混ぜる。磯の香りがプーンと上ってくるひじきごはんのでき上がり。

これなら乾物といえど戻す必要なし。炊き上がったごはんの表面にはフニャフニャのひじきがいっぱいですから、しゃもじでもって上を下へとよくかき混ぜてください。

磯の香りがプーンと上ってくるひじきごはん。これならめんどうくさがりが服着て歩いているような人にでもできるってもんでしょうが。ホレホレ、さっそく芽ひじき買ってきて広口の瓶にでも入れて、台所の炊飯器のわきに置いとくのっ‼　そうすりゃごはんを炊く時いやでも目につくってもんですがな。

芽ひじきを　1さじ入れて　ひじきめし
2さじ入れると　まっ黒黒めし

105　干物ごはんの作り方　魚の干物ほぐして混ぜる

あじの干物をいただきました。地元でとれたあじを開いて干したものだそうです。地元でとれたと言いましたが、今の日本、干物になるあじの大半は冷凍輸入のあじなんだそうです。それを日本で解凍して開いて干したものがほとんどと聞きました。それどころか、海外で開いたあじを輸入して国内では干すだけという干物も出回っています。以前、業者さんから分けてもらって食べましたが、輸入物の方が脂がのってる場合もあるくらいで、なかなか甲乙つけがたいものでした。と言ってもあたしゃ基本的には、自分で食べるものは自分の国でとれたものというふうに考えていますから、買うのはできるだけ国産の干物にしています。

さて、あじに限らず干物魚ってのは、水分がかなり抜けていますから、少しあぶればもう食べられます。でもちょいとかたいので歯の悪いお年寄りには食べにくいものです。そこでひとつ、干物魚の炊き込みごはんはいかがでしょうか。

米をといで水加減しましたら、そこに干物魚をそのままポイと放り込んでごはんを炊きます。たったこれだけなんですが、干物をあぶった時と違って身がとってもやわらかです。炊き上がったら干物の頭を左手でつまみ、菜箸で押さえるようにすると、中身が頭といっしょに簡単にとれます。

後は魚の身とごはんをよく混ぜ合わせると、干物炊き込みごはんのでき上がり。干物の塩がごはん全体に分散されるので、塩分も控えめになります。

今回はあじの干物でお話ししましたが、いわしの丸干しやほっけの干物でも美味しくできます。でも、くさやの干物はやめた方がええ。焼くだけでもあのにおいです。

焼いたくさやをおかずにごはんを食べるならわかります。しかし、そのごはん全体、米粒すべてまでくさやのにおいちゅうのは、家族やお隣さんの信用を失うかもしれません。くさや以外の干物で簡単に炊き込みごはんを。

106　鯛飯の作り方

小さな鯛でも十分旨い

おめでたい時に食べる魚が鯛ですが、鯛にもいろいろありましてお相撲さんが優勝した時に、後援会の人が持ってくる鯛など1m近くあるようです。あんなでっかい鯛など、あたしら一生縁がなさそうですが、小さい鯛でしたらいくらでも縁ができちゃいます。

先日、魚屋の店先で10cm足らずの小さな鯛がトロ箱にぎっしり詰ってるのを見かけました。店の人に聞いてみると、これも一応桜鯛なのだそうで値段の方は10匹200円。これ見て買わない私ではありません。小さかろうが安かろうが鯛は鯛、誰がどう見ても鯛の顔をしてますし、鯛の色で鯛の形をしています。

ウロコをとった後、塩をふって2時間ほど冷蔵庫に入れておいてから焼いてみました。小さいながらも、鯛の塩焼きです。しかし、10㎝足らずの大きさですと、お皿にのっけた時に今ひとつ貧相な感じがしないでもありません。

そこで小さいってことを逆手にとって、鯛飯にしてみました。

鯛飯
・ウロコと腹ワタをとった桜鯛2匹に塩をふりかけて、2時間冷蔵庫でしめます。
・こいつをごはんを炊く時、米の上にのっけていっしょに炊きます。
・炊き上がったら桜鯛の身をほぐして、頭や骨だけをそっととり出し、後は身とごはんをよく混ぜ合わせてでき上がりです。

この鯛飯にしちゃうと、10㎝足らずの桜鯛だったってことはさとられずにすみます。しかも小さな鯛ですから、近頃の小さな炊飯器にも楽に入るってわけです。今回は生の桜鯛を米といっしょに炊きましたが、一度焼いたものでもできます。

焼いた鯛で鯛飯をするのでしたら、ごはんが炊き上がったところで塩焼きの鯛を炊飯器に入れ、ふたをしてもう一度炊飯のスイッチを入れるか、保温を15分ほどして、よく蒸らしてから鯛の身をほぐすと、うまくできます。

お祝い事でいただく鯛の塩焼きなど、冷めてしまって美味しくなかったら鯛飯にしてみてください。

しかし、こんな小さな鯛まで根こそぎとるってやりすぎじゃないでしょか？

107　麦ごはんの作り方　繊維質とビタミンいただき

「めしじゃ、ごはんじゃあ、おまんまじゃあああ!!」。主食と言えばごはんです、お米です。稲穂印はＪＡです（農協の方が好きなんじゃが）。今時の人々はパンだのオートミールだの食べとるようだけど、あたしゃ炊きたてのごはんがいちばん好きっ。

近頃、健康ブームとか何とかでもって、玄米食をなさる方が多くなってきました。白米と違って玄米には胚芽が残っとるから、ビタミンB1・B2なんかがぎょうさん含まれとるですよ。白米よりミネラルや繊維質が多いから健康志向の人に好まれるんでしょうが、だからといって「いいことずくめ」っちゅうわけでもありません。玄米は種皮がかたく消化吸収しにくいから、圧力鍋で炊いたり、食べる時も一口80〜100回くらい噛まにゃならんです。そして繊維質が多いっちゅうことは腸の内での吸収があまりよろしくない。だから腸の弱い人の場合、せっかくの栄養分も満足に吸収できんかったりするんです。そういう人が、「何が何でも玄米食べなきゃ」と考えるのは、そりゃ「ムチャ」というもの。

いいじゃないの、無理することないって。玄米をガシガシ噛むパワーのない人や腸の弱い人、お米屋さんかスーパーへ行って押麦を買ってきましょ。押麦、こりゃあ「安い!!」。1kg300円くらいだから、そうさねえ、お米の半値くらいで買えちゃうんよ。それにだ、押麦にゃちゃあんと胚芽が残っとるからこいつと白米をいっしょに炊いちゃえば、ビタミンB群も補給できちゃうってわけ。

押麦ごはん

- といで水につけておいた米にその3〜4割の押麦を加える。
- 米と押麦の総量の1・2倍量の水を加えて普通に炊く。

押麦は水につけておく必要はありまっせん。いきなり米に混ぜて炊きゃエエんです。昔の農民はいくら米を作っても、ほとんど年貢で取られたから、しかたなしに麦飯を食べとったんかもしれんですが、今日ではごはんの栄養価をアップさせるための麦ごはんなんです。毎日食べるごはんだから、この「押麦を加える」というささいな工夫だって積もり積もればチリも山、健康づくりのお手伝い。

麦飯はなあ、山芋とか、オクラのみじん切りとおかかをかき混ぜたんとか、いわゆるねばねばごはんの時に最高なんじゃあ。炊きたての麦ごはんにネバネバトロトロをどばっどばっとぶっかけて、もみのりふって、ガバッとやっつけろっ。これでパワー全開じゃ。

どこのアホじゃ？　「貧乏人は麦を食え」なんぞ言うたんは？

麦飯に　なれて銀シャリ　目に痛い

108 くこの実ごはんの作り方

すぐできる薬膳

私の友人医者夫婦が「緑蔭診療所」という、漢方薬を中心とした診療所をやっていますので、非常にたくさんの漢方薬にお目にかかれます。

先日、薬のストックを眺めていたら、くこの実を見つけました。くこの実は私もよく料理に使いますから、「これ、何にきくの?」と聞いてみましたところ、目の疲れをいやしたり、補腎といって腎を補う効果があるそうです。私、目の悪い仁ちゃんにはぴったりなんです。

しかし、くこの実なんて薬というよりは普通の食べ物といった方がいいような気もします。

乾物屋に行くと20㎝くらいの袋に入っていて、何百円かで買えますから、あたしゃ料理にバンバン使っています。

例えば、スープを作る時、鶏ガラや月桂樹の葉なんかといっしょにくこの実を10粒くらい入れるとほんのり甘みのついたまろやかなスープに仕上がります。クリームシチューやカレーなどにもくこの実はとてもよく合います。

原稿書きなどで目がメチャクチャに疲れた時なんかは、やかんに水と大さじ1杯くらいのくこの実を入れ、10分ばかり煎じたくこ茶を飲むととても気持ちよく眠れ、疲れもとれました。10分も煎じると、ピンク色の甘いくこ茶になってちょいとおしゃれ。

これまた、変な使い方ですけど、里芋の煮物や筍の煮物の時にも、あたしゃくくこの実を入れます。みりんや砂糖を使った煮物ほど甘くはありませんが、ほんのりとした甘さと、くこの香りが煮物を上品にしてくれます。

薬膳なんて特別なものでなく、普段の料理にくこの実なんぞをちょいと入れるだけで体にいい食事ってできるもんなんです。

この前、くこの実入りごはんを炊きました。赤飯ほどじゃないけど、薄桃色の、おめでたいごはんでした。

目疲れに　くこの実薬膳　こりゃ楽膳

109 鉢合わせごはんの作り方

すり鉢ひとつでごはんが変わる

それは寒くて寒くてしかたないほど寒い上に、すき間だらけの家での出来事でございました。こたつに入ってガタガタふるえながら、友達と5人で正月を迎えました。3年ほど前の佐渡ヶ島の出来事です。ほうれん草のごまあえを作るためにあたしがすり鉢でごまをすりまして、そのごまをスプーンでとった後のすり鉢をかかえて、「台所まですり鉢洗いにいくのいやだなあ」と思うとったんです。室温がほぼ0℃、冷蔵庫の中より寒い部屋ですから、こたつから出たくない気持ちもおさっしください。しかし、毎度のことながら考えるというのは恐ろしいことです。すりごまのへばりついたすり鉢をじっと見つめるうちに、頭の中にピカッと電気がつきました。

炊飯器に残ってた冷やごはんを、しゃもじでとってすり鉢に放り込みます。そのごはんをしゃもじでかき混ぜます。こうするとすり鉢に残ったすりごまは、ごはんに着々〜とくっついていき、あっという間にすり鉢はきれいになっちゃいました。ごはんの方は、なにせ冷やごはんですからベタつきません。ポロポロした、まるできな粉まぶしみたいなごはんになりました。食べてみると、これが旨い。ごはん粒が丸くなった感じで味がとってもまろやか。こりゃエエということになって、皆ですり鉢かかえて、それぞれお好みのすり鉢に鉢合わせごはん大会です。

ピーナッツをすりつぶして鉢合わせごはん。梅干しをすりつぶしてあっさり鉢合わせごはん。くるみや松の実なんぞもなかなかでした。

寒くてこたつを出たくない、というぶしょう者の作り出した鉢合わせごはん。今じゃクセになっちゃいまして、ごはん茶碗くらいの小ぶりのすり鉢を用意して、一人こっそり鉢合わせごはんを楽しんでいます。小女子とごまと干しわかめをゴリゴリっとすったところへごはんを入れ、しゃもじでかき回します。こいつを焼きのりで、くるっとくるんで、食べるのがクセになっちゃってんです。

110 野菜炒めの作り方　ごはん入りの野菜炒め

ありあわせの材料と残りごはんでさっさ～っと作ることのできるチャーハンは、どのご家庭でもよく出てくるメニューです。外に食べに行けば、かにだのえびだのの入った高級チャーハンもありますが、家庭で作る場合は、その時ある材料でいいんじゃないかと思います。

しかし、このチャーハンってのは気をつけないと、塩分や油のとりすぎになることもあります。特に外で食べるチャーハンはラーメンほどではないにせよ、かなりの塩分や油をとることになります。

そこで今日は、家庭で作る、とてもヘルシーなチャーハンをご紹介します。一応チャーハンと言っちゃいましたが実はこれ、ごはん入り野菜炒めと言った方がいいのかもしれません。

冷蔵庫に少しずつ野菜が残ってるような時がおすすめ時。野菜は、なんでも引っぱり出してチャーハン用に小さくみじん切りにします。かぼちゃだろうが、じゃが芋だろうが、かまうことはありません。たっぷりの野菜を中華鍋に入れてよく炒めます。ひき肉を少し入れると、いっそう旨くなります。

さて、野菜に火が通ったところでごはんの出番ですが、ごはんの量は、野菜の半分くらいにします。ごはんをほぐしながら入れ、フライ返しでよくかき混ぜながら炒めてください。ごはんが極端に少ないんですが、そのおかげで、焦げつきにくいんです。ごはんは焦げつかず、ベタつかず、みじん切りの野菜の間に混じっていきますので、後は塩、こしょう。塩のかわりにちりめんじゃこをたっぷりっていうのもうまいやり方です。

普通、チャーハンっていうと、ごはんの中に肉と野菜がちょこっと入っていて、というのですが、これは野菜の中にごはんがちょこっとって感じです。でも野菜たっぷり、カロリー控えめのメニューですから、中途半端に野菜が残ってる時に、いたみそうな残り野菜でぜひお試しください。野菜にたっぷり含まれてるカリウムで塩分を体外に排泄することもできるんです。

111 おにぎりの作り方

おにぎりの極意はこむすび

相撲で、小結というのがあります。おにぎりのコツも「こむすび」なんです。人がワヤワヤ集まるパーティーや、お花見の時なんぞ、おにぎりをたくさん用意したりしませんか？　先日も皆でワイワイ言いながらおにぎりを作りました。にぎり方も三角、真ん丸、俵形と個性豊かですが、いざ食べる時になると、まず必ずといっていいほど、あたくしの作ったおにぎりから売れていきます。別におにぎり一個一個に仁ちゃんにぎりとか書いてるわけではないし、食べる人たちも、あたしがにぎったものだとわかって選んでいるわけではないんです。では、なぜ、あたしのおにぎりに皆手が出るのか？　おにぎりにぎって40年、おにぎり仁之助のにぎり術を、こそっと公開いたしましょ。

まず第一に、大きさ。普通のおにぎりは大きすぎです。一口、二口、三口食べても、まだまだ半分くらい残ってるようなおにぎりより、二〜三口で食べられる方が安心して手に持てるんです。だってパーティーででっかいおにぎり1個食べて満腹になっちゃ、後のもんが食べられませんがな。だから、おにぎりをにぎる時のごはんはできるだけ少なめにすることです。

第二のポイントがおにぎりの厚さです。できるだけ薄くすること。三角形にかたどる時、右手で三角の角を作り、左手でおにぎりそのものの厚さを薄くするように押さえます。こうすると、少ない量のごはんでも、三角形は、大きく見えます。厚さが薄いということは食べる時、大きな口をあけなくてもすむということです。食べる人たちは、そこまで考えはしないでしょうが、本能的に小ぶりで、厚さの薄いおにぎりに手を出すというのはまず間違いありません。

おにぎりのコツは薄にぎりのこむすび。あたしゃよそでおにぎりをいただく時、やっぱりいちばん小さいのから選びます。でっかいのを一口かじって、もしもそれがまずかったとしたら、残りのでっかいおにぎりが……考えただけでおとろしい。

おむすびの　売れるコツは　こむすびよ

112 おかゆの作り方　二度手間なし

家族の誰かが、おかゆが必要になる時ってあるもんです。

虫歯で噛めない人、おばあちゃんはやわらかいごはんでなきゃダメ、風邪をひいてる人、おなかをこわした人。かといって、そのひとりのために一度炊いたごはんを、おかゆに作り直すのも手間のかかることで、いくら愛情があったって、時間ばかりはいくらでもあるわけではありません。

こういう悩みの方のために、わが台所レスキュー隊では炊飯器一発おかゆ炊きをおすすめします。これは、赤ちゃんの離乳食作りにもよく使うワザですから、よ～く聞いといてください。

お米をとぎ、水加減をします。さてそこで、炊飯器の内釜の真ん中に背の高い湯飲みか耐熱容器を米を押し分けておっ立てます。この容器の中にはおかゆ用の洗った米とたっぷりの水が入ってます。この状態で、後は普通に炊飯器のスイッチをポンと入れるとどうなるか？　器のまわりは普通の水加減ですから、普通のごはんが炊けますが、器の中は水が多いため、ゆるゆるのおかゆになっとるという寸法です。器の中の水加減しだいで、ゆるゆるのおかゆから、ややややわらかめのごはんまで、自由自在に炊き分けできるんですから便利なもんです。ここでは湯飲みや耐熱容器を紹介しましたが、ステンレスの容器でもできます。

ごはんがかたいのやわらかいのってのは、嫁と姑の陰口のもとにもなってます。「おばあちゃん、そんなベタベタにやわらかいごはん、子供たちはいやがりますよ」などと言わず、炊飯器の中に容器ひとつつっ立ててやれば、丸くおさまるじゃありませんか？　二日酔いのおとっつぁんには、これでおかゆを作ってあげましょ。

113　ばらしずしの作り方

もらった幕の内弁当で

私はほとんど外食をしないせいか、何かのひょうしで幕の内弁当なんぞいただいた日には、その味の濃さにびっくり仰天します。

誰の口にも合うように、また、保存性をよくしようとすれば、味はいきおい濃くもなるのでしょうが、正直言ってあの甘辛さにはたちうちできません。たちうちできないからと言って討ち死にしてるようじゃいけまっせん。味の濃さに打ち勝つためにはこの術、幕の内弁当リサイクル法を適用いたしましょう。

先日いただいた幕の内弁当に入ってたものをあげてみますと、煮物はしいたけ、里芋、れんこん、筍、にんじん、鶏の唐揚げに焼き肉、肉団子の揚げたもの、シュウマイ1個にきゅうりの漬け物、ぶりの照焼きにレタスとパセリ。

だいたいこんなものでした。レタス、パセリを除いては、どれもこれも甘辛く味つけしたものばっかりです。こんな時、われわれ台所レスキュー隊では、この濃すぎる味を分散させる術に出ます。

そこで、まずおかずを片っぱしから小さく切る。芋だろうが、シュウマイだろうが、かまうことありません。包丁で小さく切ったらボウルに放り込みます。ボウルには3cm角くらいの昆布と大さじ2杯くらいの酢を入れておきます。そうすると、おかずの濃い味は酢に溶けていきます。その間に幕の内弁当のごはんを温めておき、最後にごはんをボウルにドバッと入れ、よくかき混ぜます。

このごはんですが、もともと幕の内弁当に入ってた量では少ないので、その倍量になるよう増やした方がいいようです。これでよくかき混ぜるってえと、五目めしというか、ちらしずしというか、よくわからんが、何とか食べられるものに変わるんです。これを私は幕の内ばらしずしと呼んでいます。決して好きで食べるのではありませんが、食べ物を捨てられないという悲しい性が生み出した幕の内ばらしずしでした。

あーもったいない　これでも戦後生まれです

114　せんべい焼きの作り方　残り物がおやつ代を安くする

ごはんが少しばかり残った時、どうしてますか？　たくさん残ってたら、ラップにくるんだりタッパーに入れて冷凍にしますが、茶碗半分だと（お茶漬けにするのにはちょうどいい分量ですが）、わざわざ冷凍にするのもバカバカしい気がします。

今日は少し変わった食べ方をしてみましょ。

残りごはんのせんべい焼き

・残りごはんをボウルにとり、ごはんと同じ量の小麦粉を入れ、水を少し加えてさじでよく混ぜます。だいたいお好み焼きの生地くらいの粘りっけになるよう、水加減してください。

・これを薄く油をひいたフライパンに流し込んで、弱火で焼きます。片側が焼けたらひっくり返して裏側もしっかり焼きます。

・この焼き上がりにしょう油をはけで塗れば、せんべい焼きのでき上がり。

もちのようで、お好み焼きのようで、せんべいっぽい味のわけのわからんせんべい焼きですが、入れるものを工夫すると、バリエーションが増えて楽しいものです。例えば、残りごはんと小麦粉に水でなく牛乳を加えて焼くのもふっくらして旨いんです。ごはん、小麦粉にみそを少し加えてから水を足して練ってみると、みそ焼きおにぎりみたいなこうばしさです。こうなりゃ後は、好き放題でございます。ちりめんじゃこや青のりを入れりゃ、磯の香りのせんべい焼きですし、干しえびを手でもんで粉々にしたのを入れた日にゃ、えび味せんべい焼き。すごくえびの香りが立っておりました。

ピーナッツやくるみをつぶして入れるとちょっとしつこい濃厚な味がします。この数々のトッピングで最もおすすめなのが、小さく切ったチーズです。溶けるチーズでなくても大丈夫、ほんの少し入れただけなのに、チーズ入りせんべい焼きって信じられんくらい、クリーミーで旨いんです。チーズ入りせんべい焼きと、くるみ入りせんべい焼きは、うちではビールのおつまみということになっとりますが、おやつにもぜひどうぞ。

115　手抜きうどんの作り方

10分あれば手打ちうどん

私が書いた『台所リストラ術』っていう本を読んだ方から、いろいろなお手紙をいただきましたが、なかでも人気のあったのが、手抜きの手打ちうどんです。

本当に、まともに、手打ちうどんを作ろうとすると、やっぱり一日仕事になります。

というのも、いったん打った後、数時間ねかせておく必要があるからです。確かにねかせたものはコシも強く、味もよろしい。

でもね、でもでも、手抜きうどんだって、けっこう旨いんだから。これはこれでまあひとつ、本格的手打ちうどん派の人は、大人の心で笑って見逃してください。

手抜きうどん

・うどんの材料は、小麦粉と塩水です。小麦粉の4割量の塩水を用意してください。塩水は海の水くらいのしょっぱさです。

・小麦粉と塩水を、ボウルか鍋に入れ、手でよく混ぜてると、だんだんもちのように丸まってきます。

・コネコネしながら玉にまとめたら、1分間くらいエイエイエイッと手でこねくり回します。

・普通はネ、この後ふきんやビニールでくるんで、足で踏みつけたり、何時間かねかせたりするんですよネ。でもネ、ここが手抜きうどん。この段階で、麺棒使って平べったくのばしちゃう。テーブルの上に小麦粉をうっすらと敷き、こね終わった玉をのせ、麺棒で中心から外へとのばします。麺棒にも小麦粉をふっておいてください。

・包丁で細く切ったら、すぐほぐしながら煮え立つ湯の中に入れちゃう。ゆでる時間は麺の太さ、打ちぐあい、小麦粉の種類で違ってきますから、5分すぎたら時々かたさを確かめます。だいたい5～7分でゆだっちゃう。

・そしたらざるにとって冷たい水でよ～く洗っちゃう。これで手打ちうどんのでき上がり。

ここにおろし大根をたっぷり、そして刻んだねぎと削ったかつお節、最後に生じょうゆをうっすらかけてズズッとすすり込めばざるうどん。寒い時期でしたらゆで上がりを冷水で洗わず、ざるでさっと湯をきって丼に盛ってください。おろし大根を少し減らして、唐辛子をふったりすると、釜あげ風でなかなかいけます。ただし、どちらの場合もしょう油は、できるだけ質の良いものをお使いください。あるいはもう一度温めてかけうどんにしてもびっくりするほど旨いうどんです。うどんを打つぞ～と言ってから、ゆで上がるまで15分くらいです。そのくせ、買ってくるゆで麺、乾麺などと比べて、はるかにしこしこと旨いんですからたまりません。それに、なんてったって、１人前が10円足らずという材料代の安さが、これまたたまりません。

手打ちうどんは、難しそうな能書きでなく、まず手抜き手打ちから始めてはいかがでしょう?

小麦粉１８０ccで約２人前できます。

116 カレーうどんの作り方　カレーうどんをおうちでも

日本人は外国から入ってきた料理を、日本風にコロッと変えてしまうことに関しては、天才的だと思います。和風スパゲティーとか、和風ハンバーグなんざかわいいもんで、カレーライスにいたっては、もう和風どころか、本場インドや、日本が最初にまねしたイギリスのカレーなどとは、大きくかけはなれた、文字どおり日本のカレーとなっています。その日本のカレーのなかで最も日本的に仕上がっているのが、カレーうどんじゃないでしょうか?

かつお節と昆布でとっただしに塩、しょう油、みりんなんかで味をつけておき、そこにカレー粉が乱入していくというのですから、これは、歌舞伎の猿之助の、空をとぶスーパー歌舞伎よりもダイナミックな料理だと思います。誰がカレーうどんなんて考えついたのかわかりませんが、なかなかするどい発想です。

もちろん私だってカレーうどんは好きも好き、冬場なんざ、体の芯からポッカポカになれるのでよく作って食べています。さて、そのカレーうどんなんですが、最初はごく普通のうどん汁と同じ作り方です。

鍋に水と昆布を入れ、火にかけます。にんじん、玉ねぎを細く切って放り込みます。沸とうしてきたら弱火にして削ったかつお節をドバッと入れ、次いで豚のバラ肉を1人30gほど入れます。さて、ここで塩、酒、しょう油を入れて味をつけるんですが、なにせカレーうどんです。とりあえず味は控えめにつけておきます。特にしょう油は控えめです。

次にいよいよカレー粉ですが、これはカレールーじゃなく、サラサラした純粋なカレー粉を使います。カレー粉を洋食用さじ1杯ボウルにとります。同じ量の小麦粉を加えて、カレー粉と小麦粉をよく混ぜておきます。ここがポイントです。よく混ぜておいてから、カップ半分くらいの水を加えて溶かすと、小麦粉がダマにならずよく溶けるんです。こいつを鍋に入れてよくかき回すと、うどんつゆにとろみがつきカレーのいいにおいがしてきます。

カレー粉には味がついていませんから、ここで最終的に味を調えます。おそば屋さんのカレーうどんはしょう油を使うところが多いみたいですが、塩でもしょう油でも好みでどうぞ。後はゆで麺と刻みねぎをドサッと放り込めば、あつあつカレーうどんのでき上がりでございます。

七味唐辛子をパッとふって。

117 くずとじうどんの作り方

風邪をひいたら、とろみのくずとじ

寒い夜ふけに、フーフーやりながら夜食で食べるうどん、たまりませんなあ。昆布やかつお節のよ〜くきいただし、塩とお酒、ちょいとしょう油を足して加減したあつあつのかけ汁。別にたいした具がなくったって、刻んだねぎだけでも十分ってもんです。七味唐辛子をパッパッとかけて、ズズズッとすすり込む時、あたしゃ幸せを感じます。さて、このうどんを作る時になんですが、片栗粉を使ってくずとじにすると、ひと味違って旨いもんなんです。
　風邪薬の葛根湯ってこの「くず」を使ってるくらいですから、特に風邪をひいてる時なんぞ、このくずとじうどんは心底あったまりますので、ぜひお試しください。

くずとじうどん
・鍋に水と昆布を入れて火にかけます。
・沸とうしてきたら、削ったかつお節をたっぷり入れ、1分ほど煮てから、目の細かいざるで一度こしてだしにします。
・そこに塩とお酒かみりんを入れてかけ汁の味を調え、最後に少ししょう油を入れて香りづけにします。このかけ汁は、ちょっと濃いめにしておきます。
・最後に水溶き片栗粉をドバッと入れて、よくかき混ぜるんですが、片栗粉の量は1人当たり、茶さじ山盛り1杯くらいが目安です。それをコップ⅓くらいの水でよ～く溶いてかけ汁に流し込みます。

・弱火にしておいてお玉でかけ汁をかき混ぜると、だんだんとろみがついてきますから、これをあつあつにゆでたうどん玉の入った丼にドロリンと流し込めばでき上がり。

たっぷりの刻みねぎでお召し上がりください。あたしゃこの片栗を水で溶くんじゃなく、干ししいたけの戻し汁で溶くのが好きです。干ししいたけを一晩水につけておくと、すご～くだしのきいた戻し汁がとれます。この戻し汁で片栗粉を溶くと、このくずとじうどん、またまたひと味違ってくるんです。てなこと話してると本当にあつあつのくずとじうどん、食べたくなっちゃいました。さっそく今夜はくずとじうどん食べちゃお、もちろんうどんは手打ちです。

118 山芋うどんの作り方　10分うどんの変化技

前に手抜きうどんを手打ちうどんと紹介いたしました。手打ちうどんっていうとなんだか大変そうに聞こえるのでしょうが、なんのことはありません。小麦粉と塩水の割合さえ、きちっと押さえておけば「ある程度」のうどんにはなります。「ある程度」っちゅうたって売ってる生麺よりは、絶対に旨いレベルのある程度なんです。

簡単におさらいしますと、小麦粉の4割くらいの量の塩水、これは海水くらいの濃さです。これらを合わせて、手でこねくり回せば、もち〜っとしたうどん玉ができるので、それをのし棒で、まあ、なければ茶筒でもできますので、それで薄くのしてから、細く包丁で切ります。それを熱湯に入れ、5〜7分ほどゆでれば、立派な手打ちうどんとなります。ま、ここまでは以前に述べましたが、今日は、その1ランク上のとろろ（山芋）うどんですがな。

塩水は半量にします。後の半分はおろした山芋を入れ、しっかりこねくりあわせます。後は、同じようにのして切ってゆでてでき上がりなんですが、これが、まあ食べてみると、まったくの別物なんですな。

塩水でこねたうどんが、しこしこだとすると、山芋入りはふんわりしこしこのフワシコメン。そばだってとろろつなぎって言うじゃないですか。とろろつなぎのうどんだっていいでしょうに。

山芋は、山かけごはんだけではありません。はんぺんにも揚げ物にも使える山芋です。もし、もてあましてるんだったら東京に送ってください。魚柄食生活研究所で、夜食のうどんに使わせてもらいます。

固まらん？　それは山芋　入れすぎじゃ

119　冷やし麺の作り方　野菜のおまけつき

暑くなると、食欲のなくなる人が世間にはいらっしゃるようです。私は、真夏の朝ごはんにモツ煮だって平気で食べるくらいですから、食欲がないという状態はあまり経験しないまま人生40年たっちゃいました。

しかし、暑い日にはひやむぎだけって人も確かにたくさんおります。ざるそば、そうめん、ざるうどん、こういう麺類をたれにつけてズズッとすすり込むなんてのは、やっぱりいいもんではあります。しかし、それだけでは栄養的にはちょいと疑問が残ります。そこで今回は夏場の麺類を簡単にドレスアップしてみましょ。
そうめんでもひやむぎでも、まずはゆでなきゃなりません。そのためには鍋に湯を沸かさにゃなりません。鍋に水を入れ火にかけてから、沸とうするまでの時間に下ごしらえをします。

冷やし麺

・まずはゆでる麺と同じくらいの太さに切ったにんじんと、スジをとった絹さやを麺といっしょに熱湯に入れ、6〜8分ゆでます。
・その間に塩わかめの塩を水につけて抜いておいたもの、細く切ったセロリ、キャベツのせん切り、これら3つをゆで時間が後1分をきった頃、ドバッと入れ火を少し強くします。
・鍋の中はにんじん、絹さや、セロリ、キャベツ、わかめが麺といっしょにゆだっています。
・そしてゆで時間がきたら、全部ざるにとり、冷水でよく冷まし、水けをきってでき上がり。

にんじんと絹さやはほどよくゆだっています。戻したわかめはお湯を通したおかげで緑色が鮮やかに出ていますし、キャベツやセロリも短い時間お湯を通してますから消化しやすくなっています。後はつけだれにわさびやしょうがを入れて、ズズッとやってください。

食欲がない時は生のサラダより、このように少し熱を加えた野菜の方が体に負担をかけません。それにこのわかめが旨いんです。ただし、手打ちそばをゆでる時は、しない方がいいと思います。だって、後で飲むそば湯がなにやら変な感じの野菜スープ風に……なっちゃってもいい人はどうぞ。

120　そば粉クレープの作り方

栄養豊富なそば粉

小麦粉には、薄力粉や中力粉、強力粉などがあり、それらをすべてそろえているご家庭も多いと思います。片栗粉やお団子を作るじょうしん粉、台所にはいろいろな粉がありますが、そば粉を置いている方はそう多くはないんじゃないでしょうか？　ご存じの方も多いと思いますが、そば粉は約10％のタンパク質を含んでいる上に、ビタミンBもたっぷりです。それにマグネシウムや鉄分もたくさん含んでいるので、それらのバランスだけを見ると米よりもすぐれているともいえます。

この豊かな栄養を持つそば粉がどうして家庭の台所にはあまり進出してこないのか？　理由は簡単です。たいていの人は、そば粉というといわゆるざるそばやかけそばのそば、つまり、そば切りしか思いつかないからじゃないでしょうか？　そば切りを作るのがそば打ちです。そば打ちはテレビでも名人芸が紹介されるくらいですから、一見難しそうです。

でも、そこだけを見てそば粉そのものを敬遠しては大損します。そば粉の料理って実は極楽膳だったんです。だって、そば屋でメニューにあるそばがき。これは、そば粉に熱湯をかけて、箸でかき回すだけ。こんな簡単な料理も珍しいものです。もうひと手間かけちゃうともっと立派なそば粉料理ができます。

そば粉を水で練ってフライパンで焼くんです。そば粉の1・5倍から2倍の水で練って焼くと厚めのそば焼き。もっとゆる～く溶いて焼くとそばクレープ。そばのいい風味がプーンとしてきますから、ホットケーキみたいに甘くして食べるのもいいし、野菜や肉をくるっと巻いて食べるのもいいものです。

あたしゃ薄く焼いたものを包丁で細く切って食べています。そばつゆにつけて食べるんですが、ざるそばとは違った別のそばです。また、つぶしたくるみとみそを混ぜて、薄焼きに塗って食べるのも美味しいものです。そば粉は少しでも古くなるとそば打ちには向きませんが、そば焼きにするのでしたら十分です。栄養豊富なそば粉を簡単料理で食べてみてください。

121 麦こがしの使い方　昔のおやつは健康食

きな粉をもちにまぶしたものが、あべかわもちですが、きな粉は子供の頃、ごはんにかけて食べたこともあります。きな粉って、いった大豆を粉にひいたものですから、栄養豊かな食品ですけど、似たような粉で、はったい粉というのがあります。これは地方によっていろいろな呼び名で呼ばれていまして、関東では麦こがしという名前で売られていました。

これは麦をいって粉にひいたもので、こげ茶色の粉です。これをコップに入れ、砂糖を少し足して熱湯をちらちらっと、そそぎながら混ぜると粘りのあるココアみたいになります。うちでは、これがおやつでした。

麦こがしといわれるだけにこうばしい香りがします。色からして、ココアやコーヒーっぽい感じもします。とはいえ、チョコレートやスナック菓子全盛の昨今、はったい粉をおやつに食べる家も珍しくなってきました。

しかし、全国はったい粉普及協会の次期会長の座をねらう私としては、もっともっとはったい粉を普及させねばなりません。まあ、コップにはったい粉と砂糖を入れて、お湯をそそいでかき回しスプーンではったい粉をすくってはなめるというんじゃ、あまりおしゃれではありません。

そこで、おしゃれなはったい粉料理をやってみましょう。小麦粉を牛乳でゆる〜く溶きます。これをあつあつの鉄板にジャーと流しますと、あっという間にできるのが、クレープの皮です。これを作る時、はったい粉を小麦粉の1割ほど混ぜると、クレープの皮がいちだんとしっとりして粘りが出ます。この時、牛乳じゃなくて水でやっても大丈夫。

小麦粉と水だけじゃ、しっとりしたクレープ皮は焼けませんが、はったい粉を混ぜると、しっとりして粘りのあるクレープ皮になっちゃいます。パーティーの時なんか、はったい粉クレープ皮をたっぷり用意しておけば、皆、勝手にクレープ巻きで食べてくれて大助かりです。

ちなみに、はったい粉って20㎝くらいの袋いっぱいで100円でした。ムチャムチャ栄養あるのに安いんです。

122 てんぷら衣の作り方 とろろ芋を少し加えて

私の口から、天ぷらの話が出るのは、いたって珍しいことですが、あたしだって天ぷらくらい作りますし、食べます。といっても、揚げ物は1か月に1〜2回くらいなものです。

油のとりすぎ、特に加熱した油のとりすぎが、いろいろな病気の原因にもなりますので、だいたいこのくらいしか揚げ物はしないいんです。たまにしか食べない天ぷらですから、その時はかなり気合いを入れて作ります。小麦粉を溶く水はできるだけ冷たいものを使い、衣はあまり混ぜないようにしています。こういった天ぷらの基本ってのは、近頃の方、テレビやなんかでよく聞いてらっしゃるようで、皆さまなかなか上手なものです。で、今日は、その衣にちょいと混ぜ物をさせちまおうってお話なんです。

普通、天ぷらの衣といえば、小麦粉に水、卵が基本とされていますが、そこにごまを混ぜたり、青のりのもんだのを混ぜることもあります。下味をつけた魚の天ぷらの時、衣にカレー粉を混ぜるのもよくお総菜屋さんで見かけます。

あたしが、時々混ぜているのが山芋なんです。すりおろした山芋を小麦粉、水、卵と混ぜて衣にするんですが、この時の山芋の量は卵の量と同じ程度といったところでしょうか？　この衣は山芋のせいで少しポッテリしますが、これで揚げた天ぷらはひと味違います。天ぷら特有のサクッとした衣の感じではありません。サクッとか、カリッとかはしませんが、天ぷら種のまわりにふっくらした衣がまとわりつき、表面だけがカリッとした感じに揚がるんです。本来、天ぷらって衣を薄くして中の種に早く熱を通し、しかし、種の味は衣でもって外へ逃さないようにする料理ですが、こうして揚げたポッテリ衣の天ぷら、実は天丼にするのにピッタリなんです。

甘辛い天つゆにひたしたポッテリ衣の天ぷらをあつあつごはんの丼にのせた天丼。山芋の入ったフンワリ衣にしみ込んだ天つゆの味。天ぷらの衣にとろろ芋、ただし、とろろは入れすぎないようにしてください。衣全体の1割以下です。

123 ごまみそだれの作り方

手作りだれ一瓶作って

先日、若い女性にしゃぶしゃぶのごまだれの作り方をたずねられまして、正直言って困ったとです。だってあたしゃこの20年くらい、しゃぶしゃぶって食べてないんですもん。それにあたしゃ講演なんぞをようやっとりますから、女性と話すことは確かに多いんです。多いんですが、いわゆる若い女性は少ないんです。この前の講演なんて、80人来たうち60代以上が60数人だったくらいですから、いわゆるピチピチギャルとはおよそ縁がありません。

そんなあたしですからピチピチギャルに、しゃぶしゃぶのごまだれときた日にゃ、もう超緊張もんでした。

とは言え、あたしとて、しゃぶしゃぶのごまだれくらいいつも手作りです。しゃぶしゃぶはしませんが、あのごまだれでつけ麺を食べたりするから、いつの間にかうまく作れるようになっとったんです。この時、質問されたのは、ごまだれでも、しょう油味じゃなくて、ごまみそ味でしたので、その作り方を簡単に述べておきます。

ごまみそだれ

- まず、みそですが、甘口が好きなら白みそや麦こうじみそ、辛口好みなら赤みそをお使いください。
- みそとみりんを鍋に入れます。
- 弱火にかけてよくかき混ぜ、次に昆布とかつお節で濃いめにとっただしを少しずつ加えてのばしていきます。
- そしてペースト状になってる練りごまを加えてよく混ぜれば、ごまみそだれの基本形ができ上がります。

後は好みでバリエーションを増やしていくんですが、ピリッとさせたければ七味やさんしょうの粉がよろしゅうございます。夏場だったらおろししょうがを入れたごまみそだれもいいもんです。にんにく入りも美味しいですが、おろしにんにくを入れる時は、鍋を火にかけてるうちに入れておかないと、火からおろして入れた場合、あまりに辛かったり、においが強すぎたりするのでご注意ください。

ここでは、練りごまを使いましたが、もちろんすりごまでもできます。しょう油味のごまだれの時は、すりごまがおすすめです。

さてこのゴマだれですが、食べる時にレモンをほんの一滴落としてみてください。これが隠し味になって、たれ全体がぎゅっと引きしまるんです。

124 油減らしのやり方　すりごまを使って油抜き

ごまをすりま～しょ、皆でごまをネ♪

昔、植木等さんが歌ってました。ごまをするってえと、どこかこそくな調子のいいやつって思われがちですが、実際にごまをすってみりゃ、けっこう重労働だとわかるはずです。私の実家は大正時代からの料理屋でしたから、子供の頃ごますりを手伝ったこともありますが、ごまがドロドロと粘るまでするというのは、とても根気のいる仕事でした。しかし、ドロドロまでいかずに、いわゆる半殺し（ぶっそう!!）というくらいのすり加減でしたら、それこそ植木等みたいなスーイスーイってなもんですれます。近頃根性なしになった私は、もっぱら半殺しのごますり野郎となって、1週間分のごまをたったの5分くらいですり終えて瓶詰めにして使っています。

ごまは、約40％の油を含んでいますから、すりごまでも油のまろやかさがたっぷりです。おひたしやあえものには当然すりごまをかけますが、野菜炒めや煮物などにもバンバン使っています。

うちでは、野菜炒めにサラダ油はほとんど使いません。中華鍋に野菜を入れ、酒をお玉½くらい入れて中火にかけ、中華鍋にふたをしておきます。

こうすると、油なしでも焦げつきませんし、ふたをしているので野菜は酒蒸し焼きになっています。2〜3分でふたをとったら、すりごまを茶さじに3杯ほどまきちらし、かき混ぜながら、強火で水けをとばし、塩、こしょうで味を調えてでき上がり。

これなら、サラダ油をまったく使わなくてもとてもコクのある野菜炒めができちゃうんです。すりごま茶さじ2～3杯からごま油をしぼったとしていったいどのくらいのごま油がとれると思います?

いいところ2～3滴といったとこでしょか? そしてすりごまにはカルシウムなどのミネラルもたっぷり含まれていますが、ごま油になると比べものにならんくらい少なくなっちゃうんです。

だから私は油を使うよりは、すりごまを使うことで、油の摂取量を減らし、同時にミネラルをたくさんとれるようにしています(ごますり男のすりごまの話でした)。

すりごまで　油減らしに　成功し
ごますりゴリゴリ　体もしまるっ

125　乾パンの作り方　干したパンミミ

アンパン、食パン、ジャムパンが歩いていて、オーイと声をかけたら食パンだけが振り向いた。な〜んでか？っていう、フラメンコ漫談を以前ラジオで聴きました。答えは、食パンにはミミがあるといったたあいもないものです。

確かにパンのミミっちゅうのは、食パンにしかありません。このパンミミだけを切り落として袋に詰めたものをパン屋とかスーパーで安く売っています。うちの近所のパン屋では30㎝くらいの大きなビニール袋いっぱいで50円です。先日スーパーで、1袋30円のパンミミを買い物かごに入れたおばさんと目が合いました。

そのおばさん、きまり悪そうに笑いながら、「ワンちゃんのごはんヨー」なんて言ってましたが、私は同じかごの中にドッグフードが入っているのをはっきりと確認しております。なにも見栄張ることないのにね。

さて、パンミミというと、油で揚げて砂糖をふったおやつと答える人が多いと思いますが、パンミミって揚げると油をたっぷり吸い込みますし、その上砂糖とくれば、正直言ってカロリーも高くなりあまり食べようとは思いません。そこで、パンミミを使って非常食を作ってみました。と言っても作るってほどのことじゃありません。日当たりのいいところに新聞紙を敷いてパンミミをダーッと広げておく。ただこれだけでほんの3日もするとカラカラの干しパンミミ。これを密閉式のビニール袋にでも入れておけば、手作り乾パンとして半年以上、保存できる非常食。

このままでもサクッと食べられますし、スープに入れれば、手軽なパンミミヌードル。

乾パンと違ってスープやお湯をそそぐだけで、すぐにフニャとやわらかくなるから非常食にぴったり。ハンバーグ作りの時はこれをもんで粉にすれば、つなぎのパン粉。市販の乾パンだとかたくて歯が立たないおばあちゃんでも楽に食べられる自家製乾パンです。

非常食だって安く楽しく自分で作るってのは、どうですか?

126　パン粉パンの作り方

子供のおやつにも…

前項で、パンのミミを干しておくと、自家製乾パンになるという話をしました。その干したのを粉々に砕くとパン粉になるということもその時に話したと思いますが、今日は、そのパン粉を使った料理です。

あれはもう20年も前のことでした。極貧赤貧大学生の私は、パン屋でパンミミをもらって主食にしてました。ところが、パンミミって３日もたてばカビが生えるか、カラカラにひからびるかどっちかです。カビるよりは、乾いた方がまだましじゃと、先手必勝もらったパンミミを干して、パンミミ乾パンにしちゃいました。これを手でもむと、山のようにパン粉ができて大喜びしたのもつかの間、パン粉を使ってとんカツ作ろうにも、肉もなけりゃ油もない。コロッケ作るにも芋がない。こうなると、いくらパン粉があったって、砂漠の中で冷蔵庫を拾ったようなものでして、使い道がありません。

ところが、あたしゃやっぱり変でした。

パンを干して水分を抜いて粉々にしたのがパン粉だから、水分を加えて固めたらパンになりゃせんじゃろうか？　と考え、パン粉に水を加えて固めてみました。しかし、それはパンではなく、焼く前のハンバーグといったシロモノです。だったら焼きゃいいじゃねえかと、フライパンにのせて、弱火で焼いてみました。ハンバーグと同じ要領で表裏とひっくり返して焼いてみたところ、ハンバーグみたいなパンができ上がりまして、これを私はパン粉パンと名づけたのです。

このパン粉パン、原料がすべてパンのミミですから、食パンみたいな白い部分がありません。フワッとしてもいません。だからハンバーグくらいの大きさでも重さはパン一斤なみにあります。味はと言えば、ちょっとクッキーっぽいこうばしい味で、なかなかのもんです。

その後、シナモン入りとか、レーズン入り、ミルク入り、くるみ入り、しょうが味、ココア、コーヒー味など、いろいろなものを混ぜて作ってみましたが、皆、けっこういける味でした。小さめのパン粉パンをしっかり焼いたものなど、紅茶のお相手にもよく合いますよ。子供さんのおやつなどにもいかがでしょう？

127　ピザもどきの作り方

乾いたパンで1食できた！

食パンの残りが1～2枚、戸棚の中でカチンコチンにひからびていたなんて経験ありませんか？　冷蔵庫のすみっこでカチンコチン。いや、でもこれはまだいい方なんです。水分が抜けてカチンコチンならこれはパンの乾物です。そうでなく、梅雨時の湿度でカビが生えたとなると、これは捨てるしかありません。では、この忘れ去られてカチンコチンになった食パンのリサイクルクッキングとまいりましょう。
カチンコチンになった食パンをかじろうとしても、歯が折れるだけです。

ひからびパンでピザもどき
・カチコチ食パンをバキッ、ベキッと4つに折ってボウルに入れ、水か牛乳を少しかけておくと、カチコチパンもすぐにやわらかくなります。
・そうしたらやわらかくなったパンを小さくちぎります。食パン1枚に対し小麦粉と山芋を洋食用さじ1杯くらい入れます。

- さて、この戻してちぎったパンと小麦粉、山芋をよく混ぜ合わせたら、薄く油をひいたフライパンに平べったく流し込んで火にかけます。
- そこにピーマンや玉ねぎ、それにソーセージやチーズなどをのせます。ふたをして焼きますが、なにせフライパン焼きですから、オーブンみたいに上の方からは熱が加わりません。だから、途中でふたをあけ、中身をひっくり返してよく焼きます。

こうして焼き上がった円盤状のものは、まるでピザのようです。トマトソースやペッパー、チリソース、タバスコなんぞをかけちゃうと、とてもカチコチ食パンとは思えないような旨いピザです。いや、ピザもどきです。上にのせる具をマッシュルームとか、ベーコンにかえれば、いろんなパターンのピザもどきが楽しめます。別にカチコチひからび食パンでなくても、パンミミを使ってもうまくできますから、遊び心でやってみてください。

128　ピザの作り方

ホットプレートピザ

先日、友人の招きでガーデンパーティーに参加しました。庭先でバーベキューや焼き鳥などを焼きながら食べるパーティーですから、まあ、縁日みたいなものです。皆それぞれに手作りのマリネやくんせい、ちらしずし、ケーキなどを持ち寄ってお酒やシャンパンなどを飲んだんですが、その時、ピザ焼きセットを持ち込んだ人がいました。

普通、ピザを焼く時って、オーブンで焼きますが、この人はなんと鉄板で焼くということです。鉄板で焼くんだったら、そりゃピザじゃなくてお好み焼きと違うか？　そういう声もありましたが、でき上がったのを見ると、立派にピザでした。

では、オーブンなしでいかにしてピザを焼くのか、見てきたままをお伝えします。

ピザの生地は、あらかじめ自宅でしっかりこねてきていました。それを70㎝四方の板に小麦粉をふっといてから、その上でのばします。これまた、小麦粉をまぶした麺棒で厚さが均一になるようにのばします。

こうして薄い円盤になったパイ生地をホットプレートにのせます。その上にソーセージやピーマン、マッシュルーム、チーズ、トマトなどの具をのせて、じっくり焼きます。ここでエイッとひっくり返しちゃうと、もうピザでなく、それはお好み焼きへと変身しちゃいます。ホットプレートで焼くピザの上の具は熱があまり来ないので、チーズも溶けていません。

ここで彼がとり出したのが、カートリッジ式のガスボンベのついた、ハンディタイプのガスバーナー。これは日曜大工センターで１５００〜２５００円で売ってるものですが、このバーナーに火をつけてピザの上から炎であぶりはじめました。すると、チーズは溶けるわ、ソーセージにうっすら焦げ目がつくわ、ソーセージからにじみ出た油とチーズが溶け合うわ、そこにトマトの汁が混ざるわと、あっという間にピザになっちゃったんです。

あとは切り分けてあつあつを皆でいただきましたが、オーブンがなくったって、いとも簡単にピザができるものなんだと感心したものです。ガスバーナーをお持ちの方、火事に気をつけてやってみてください。

129 焼き麩の使い方

焼き麩と肉のドッキング

私が隊長をしている台所レスキュー隊には、いろいろな質問が寄せられます。先日届いたお手紙なんですが、今日はそれをちらっと紹介してみます。野菜炒めを作ろうとして、キャベツ、玉ねぎ、にんじんなんかを切った後、豚肉を出してみたら、わずか50gしか残ってなかった。2人で食べるのに50gじゃ情けない。こんな時どうしたらいいのか？　レスキューしてくださいというものでした。

2人で50gもあれば上等じゃねえか。戦時中なんか1年間で50gくらいしか肉を食べられんかったんじゃい、ぜいたく言うんじゃねえ。なんて言うのはがんこ親父、これじゃまるで鯨みたいでして、すくいようがありません。

あたしら、百戦練磨の台所レスキュー隊員は、こんな時、焼き麩を持ち出します。麩にもいろいろありまして、この焼き麩ってえのはうすべったい茶色い麩です。東北では庄内麩というのが有名ですが、全国どこでも安く買える麩です。

この麩を水につけること5分、フンニャリやわらかくなりましたらしめたもの。これをよ～くしぼって肉入り野菜炒めに入れちゃえば、肉の少なさを十分にカバーできるんです。

この野菜炒めを作る時のポイントは、まず、わずかしかない肉を塩もみすることです。これで肉の旨みはグーンと増します。そうしといて、野菜といっしょに炒めるんですが、野菜たっぷり健康野菜炒めですから、野菜からかなり水分が出ます。家庭用ガスレンジの火力だとなかなか水分がとばないんですが、ここでレスキュー!!

かたくしぼった焼き麩の出番です。焼き麩を中華鍋に入れるや否や麩が水分をあっという間に吸い込んでしまいます。肉や野菜から出たエキスをぜ～んぶ麩が吸い込んだわけだから、すごく旨みのついた焼き麩になったというわけです。それに焼き麩って茶色ですから、もう豚肉との区別がつきません。麩って小麦粉のタンパク質、グルテンで作られています。どうですか、少ない肉と麩の組み合わせってヘルシーでしょ。

お肉かな？　味は肉だが　やわらかい

フフフと笑って　麩を食べちゃった

130　ポップコーンの作り方

ふたつき中華鍋で3分間

あたしの料理ってえと、どことなくお酒につながっちゃう感がないでもない。よく読者の人からの手紙で、子供のおやつも書いてくれといわれるが、あたしの場合子供がいない（はず）もんでどうしても今ひとつやる気にならないんですが、まあ、ポップコーンくらいなら、やってみましょうか。

アメリカ人は、野球見る時も映画見る時も、ポップコーンを食べてんだと子供の頃思っていました。

乾燥とうもろこしは、1kg袋300円くらいで買えます。中華鍋に洋食用さじ2杯ほど入れ、サラダ油洋食用さじ1杯をよくまぶします。ガスの中火にかけ、中華鍋にふた、やがてひとつふたつコーンがはじけて、ポコポコとふたに当たりはじめたら、火を弱くします。そのうち、ポコポコポポポポと機関銃みたいに爆発してきたら、中華鍋を軽くユッサユッサとゆすって焦げつかんようにします。ポンポンいう音がしなくなったら、火を止めてちょっと待ってからふたをとります。すぐふたをとるとパッコーンとはじけてくるおそれがあるのです。ここにうっすら塩をふったらでき上がり。洋食用さじ2杯程度の乾燥とうもろこしが、中華鍋いっぱいのポップコーンになってますからビックリギョーテンです。

以前売ってるポップコーンと比べてこれまたビックリ。２００円で売ってるポップコーンを作るのに必要な乾燥とうもろこしなんて、わずか5円くらいのものでした。5分もあればできるポップコーンですし、中華鍋とふたさえあれば子供にだって作れます。

一度、勇気のある方は、ふたなしで作ってみてください。台所中ポンポコ飛びまくって、子供たちが喜ぶことうけあいです。

もろこしが　裏返しになる　ポップコーン
始めたやつの　顔見てみたい

第5章　安いのに豆ってすごいぞ

乾燥豆類

131　大豆の使い方

月に一度の20分ゆで

大豆は畑の牛肉だと言ったのはドイツ人。明治時代に、万国博がヨーロッパで開かれた時、日本が大豆を出品し、その栄養分をたたえて言ったのがこの「畑の牛肉」だそうです。

今日ではその植物性のタンパク質や脂肪が、高く評価されています。特に大豆に含まれるレシチン、体の中のベトベトした脂肪や、コレステロールを洗い落としてくれるありがたい助っ人です。

と、まあ、大豆が体にいいんだろうなあ、とは誰もが思っちゃいるが、大豆を料理する人はいたって少ない。これまた現代人の変な思い込みで、あのカチンコチンの大豆を料理するのは、えらい大変なこっちゃと思い込んでるんですなあ。

夜、寝る前に鍋に大豆を入れて水をたっぷりはっておくと、翌朝、大豆は水を吸ってパンパンにふくれあがってます（大豆は鍋の深さの1/5以下にしてください）。その

水ごと、中火にかけ、沸とうしたら、ふたをとって弱火でゆでます。すぐに泡が出てふきこぼれるので、最初の5分くらいは泡をすくってとります。大豆にもよりますが、15〜25分でゆで上がります。

これで下ごしらえは完了。ざるで水けをきってよく冷まし、1回分ごとに小分けして冷凍にしておけば、いつでも大豆がさっと使えて大助かり。煮豆に、みそ汁に、トマトソースでポークビーンズ、とまったく手間いらずで大豆料理ができちゃうんです。

大きな鍋で一度にドバーッとゆでておくので、大豆をゆでるのは1か月に1〜2回。そしていろいろな大豆料理が毎日食卓に並ぶんだから、笑いが止まりません。その上、本当に安いんだから。

戻すのがめんどくさいと　嫌われる
水にひたして　おくだけなのに

132　ポークビーンズの作り方　手作りソースで煮る大豆

繰り返しますが、大豆は体にいいってことくらい、誰でも知ってることですが、大豆料理を週に3回以上作る人となると、昨今の日本ではいたって少ないでしょう。大豆料理なんて生まれてこのかたしたこともないっていう人もたくさんおります。

また、若い人にしょう油味の煮た大豆はあまり人気がないのかもしれません。しかし、大豆を煮るったって何もしょう油味しかいかんちゅうわけではありまっせん。

そこで今日は、いたって簡単にできるちょいとハイカラな大豆料理をやってみます。

一晩水につけておいた大豆は、ゆでること20分くらいでやわらかくゆで上がります。

豚肉（スライス）を大豆より少し大きい程度に切って中華鍋に入れ、ゆで上がって水けをきった大豆と薄切りの玉ねぎをそこに入れ、中華鍋にふたをして、中火にかけます。豚肉から脂が出るのとふたをしてるから水分が逃げないせいで、焦げることなく豚肉に火が通ります。ふたをとってトマトを入れるんですが、このへんが、私の場合

ちょっと「変」です。普通、トマトの皮を湯むきしてざく切りにしてから入れるんですが、そんなめんどうなことをする私ではありません。中華鍋の真上で、おろし金でトマトをおろしちゃうんです。やわらかいトマトですから、あっという間にドロドロのおろしトマトが赤い雨となって中華鍋に降りそそぐんであります。ここに塩、こしょう、後は好みの香辛料やハーブを加えて味を調え、トマトが煮立ってきたらでき上がり。

いわゆるポークビーンズなんではありますが、トマトケチャップで作るよりあっさりしているし、トマトピューレよりも新鮮な香りがします。

あまり知られてないけど、トマトには旨みのもと＝グルタミン酸がいっぱい含まれていて、豚肉、大豆の旨みと調和し、脂肪分は、わずかばかり入れた豚肉に含まれるものだけですから、カロリーなどの心配もいりません。

ちなみにトマトをおろし金でおろすと、ヘタと皮だけはちゃんとおろし金に残るってのも、ありがてえもんです。

湯むきより　てっとり早い　おろし金

133 豆腐の使い方

そのまま使わず、水をきって

最近の豆腐は水っぽいとか、くずれやすいとかとかくやり玉にあげられておりますが、皆さまはどういう豆腐を食べていらっしゃいますか？　うちの近所には、ご主人自ら選んだ国産大豆とにがりで作る店がありますから、１丁１４０円くらいでとても美味しい豆腐を食べられます。しかし、こういう店は例外ともいえるほどで、なかなか美味しい豆腐屋さんには出合えないのが、今日の日本の実情だと思います。

だからといってスーパーの豆腐は皆ニセモノだ〜ってな感じで、京都あたりの高級豆腐をクール宅配便でバンバン取り寄せるなんてのも、どこかおかしな気がします。たとえスーパーの豆腐といえど、はたまた、特売品3丁１００円の豆腐であっても、そこそこに美味しくするテクニックはあるんです。

素材が悪いからどうやってもダメとか、ニセモノとかいう前に、ひと工夫して、少しでも美味しく食べるコツを身につけてはいかがでしょうか？

普通に売ってる豆腐を美味しく食べるには、なんといっても水きりです。豆腐は、豆乳をにがりで固めますが、なかには凝固剤を使って固めたものもあり、これは水っぽい豆腐になってしまいます。

こういう豆腐はふきんで包んで上にお皿の2〜3枚ものせておくと、水が抜けてかたくしまってきます。パックに入った豆腐でしたら、パックの底に包丁で2〜3か所切れ目を入れ、ふたにも1か所切れ目を入れて皿を2〜3枚のせておいておくと水が抜けます。30分くらいでかなり水きりできますから、一度試してみてください。

焼き豆腐や揚げだし豆腐、麻婆豆腐などにする時も、一度こうして水きりした方が、豆腐もしっかりして美味しくできます。

134　豆腐の食べ方

しょう油なしで旨みがわかる

夏は冷や奴、冬は湯豆腐、日本人って本当に豆腐好きです。小皿にしょう油と刻んだねぎ、おろししょうが、削ったかつお節。これをちょいとつけて食べる豆腐って確かに旨いもんですなあ。夏のくそ暑いさかりに、つるんとしたつべてえ冷や奴ののどごしったらたまりませんやね、てなこと言ってると落語になっちまいそうでいけませんなあ。いえネ、あっしも確かに、おかかとねぎとしょうがでもってしょう油をちょこんってつけて食べる豆腐、好きなんスよ、好きなんざんすが、近頃ちいと疑問を持ってるクエスチョンマークなんざんす。

ちっちゃな子供が、豆腐を食べてんの見てたんですが、豆腐にな～にもつけず、ま～るでプリンみたく、スプーンで食べてんですなあ、これが。いやしいあっしゃ、即まねしてみましてね。ところがどっこい、相撲はどすこい、これが旨い。しょう油やおかかで食べた時にゃよくわからなかった大豆の甘みが、はっきりするんですなあ。あ～豆腐って、こ～んなに甘いのかあと感激したでございますよ。

それ以来、豆腐は何もつけずに食べることが多くなってきたですよ。といっても、安い豆腐はどうも水っぽくていけやせん。そんな時はもちろん、豆腐をふきんで包んで上にお皿の2枚ものっけておくんです。こうすりゃよけいな水が抜けて、よくしまった豆腐にありつけるってもんです。ましてや、国産大豆や本物のにがりで作った手作り豆腐なんか、なんにもつけずに食べるとびっくりするくらいに旨いんス。

ごはんのおかずなら多少のおかかやしょう油もいるんでしょうが、豆腐を単独で食べるなら、その香りや甘みを楽しみたいもんです。

ところで、なんで豆腐におかか、しょうが、ねぎ、しょう油っていう組み合わせで食べるようになったのか、記憶をさぐってもそのきっかけを思い出せません。たぶん大人たちがやってるのに合わせて、そうなったんじゃないかと思うですよ。小さな子供が見せてくれたスプーンですくって食べる味つけなしの豆腐。そのおいしそうな顔、私ら大人って固定観念にとらわれてるけど、子供って味覚が正直なんですね。豆腐の角にドタマぶつけて、考えてみたあたしです。

135　豆腐そぼろの作り方

残った豆腐で1品作る

絹ごし豆腐、木綿豆腐、焼き豆腐、スーパーに行くといつでもこういう豆腐が並んでいます。豆腐は手軽に食べられるし、栄養価も高いので、皆さんもよく買ってる食べ物ではないでしょうか？　私もよく冷や奴なんぞつついては酒を飲むんですが、うちではお弁当のおかずにも豆腐を使います。お弁当に入れる時に超簡単なのが豆腐そぼろ。

豆腐そぼろ

・フライパンか中華鍋を中火にかけて、豆腐を放り込みます。油はひきません。
・すかさずフライ返しや木べらでもって豆腐をぐちゃぐちゃにつぶします。豆腐から水けが出てくるので、焦げることなく豆腐はそぼろになっていきます。
・水けが抜けて、ポロポロしてきたら弱火に落とし、味つけをします。

みりんとしょう油で甘辛く煮きってしまうと、まるで鶏肉そぼろみたいなふうに仕上がります。

この時、おろししょうがを入れると風味よく、ピリリとした感じです。カレーパウダーを使ったそぼろ豆腐は、なかなか人気の弁当のおかずです。カレールーでなく、サラサラのカレーパウダーを少しふり、塩、こしょうで仕上げますと、これ見た目にはまるでいり卵、スクランブルエッグちゅうやつとそっくりです。

お弁当作りにこの豆腐そぼろはありがたい味方となります。ひき肉そぼろをまず、フライパンでジャジャーッと作って、それをとり出した後のフライパンで、ピーマンとかにんじん、玉ねぎなどのみじん切り野菜を炒め、それをとり出したら最後に豆腐そぼろを作ります。弁当箱にごはんを詰めて、その上にひき肉そぼろ、野菜そぼろ、そしてカレー味豆腐そぼろ、色とりどりで見た目も楽しいそぼろ弁当にぜひ豆腐をお使いください。

136　高野豆腐の使い方

高野豆腐でつみれ作り

こないだ、夜中に豆腐を食べたくなっちまいましてね、冷蔵庫に手ェかけたとたんに思い出しちまった。晩ごはんの鍋物に使っちまったんじゃねえか、ガックン、ときたのも束の間、エエイ、豆腐はなくとも高野豆腐ならあるやないか、と戸棚ン中から引っぱり出してぬるま湯につけて戻しました。

そりゃま、高野豆腐じゃからして、冷や奴にはなりませんわなあ。といってだしやしょう油で煮含ませるのも今さらって感じで、芸がありませんわなあ。

てなことブツブツ言いつつ、あっと気がつきゃ戻した高野豆腐を小さくちぎっておりますがな。恐ろしいですな、脳ミソとは無関係に勝手に料理をしはじめる魔法の手、このゴッドハンドは高野豆腐をどう料理すんじゃろう、と脳ミソの方はしばらく静観することとあいなりました。

ちびちびにちぎった高野豆腐とごまをすり鉢に入れ、みりん、みそ、そして水を少し加えてゴリゴリすりはじめました。あっちゅう間にネトネトになるんでございますがな。そしたら今度は小麦粉を全体の1割くらいの量入れてよくすってますがな。

さてこいつをハンバーグみたいに平べったくして薄く油をひいたフライパンで両面ともよ〜く焼くわけなんですな。なんとなく、厚揚げとか、がんもどきっぽいにおいがしてきますんで、焼き立てにおろししょうがをのっけて食べてみましたがな。

みそのこうばしさ、ごまのこってりした味、みりんのほんのりとした甘み。ウーン、誰が見ても高野豆腐とは気がつかんわな。

おとろしいなあ、ワシのこの手は、なあんも考えとらんのに、手だけが勝手に作ってくれるんじゃもんなあ。皆さん、手は大切にしましょ。

高野豆腐　これはかんべん冷や奴

137 おからの使い方　残った煮汁でおから料理

豆腐屋さんの店先に行くと、大きなポリバケツいっぱいのおからに出合うことがあります。昔っからこのおからってのは、じゃまだったようでして、古典落語のちはやふるという話の中でも、おからはタダ同然のものとして登場します。ましてや現代において、おからを買いに行く人もまれでしょう。しかし、このタダ同然のおからが、ローカロリーで繊維質の多いダイエット食なんですから、バカにしてはいけません。

おから料理っていうと、しょう油や砂糖で甘辛く煮つけたものが多いのですが、ここでちょいとひと工夫、頭をひとひねりしてみましょう。

塩分控えめにするってことで、煮物の汁や、うどんの汁などを飲まないようにする人が増えています。魚やえびの煮汁、野菜の煮汁など、非常に旨いだしが出てるんですから、減塩のためとはいえ、捨てるにはしのびません。しのびないので、これらの残り汁でおからを煮るんです。

もちろんおからだけでなく、小さく切ったにんじんや、ごぼう、こんにゃく、しいたけなんかも加えてしっかり火を通せば、冷蔵庫で2～3日日持ちしますので、毎日少しずつ食べられる常備菜というものです。

残った煮汁の量に応じて、おからの量も多くしたり少なくしたりすれば、ムダなく使うこと、食べることができると思います。そのために、おからを買ってきたら、にぎりこぶしくらいずつに小分けして冷凍にしちゃうんです。そうすれば、煮汁の少ない時はおから1個、多い時は2個、解凍して使うことができるってもんです。

おから料理を作るために、わざわざだしをとり、しょう油や砂糖で味つけるのもどこかムダな気がします。そうしておいて煮物の汁は捨てるなんてことした日には、ちったあ食べ物大切にしろいっ、と言いたくもなります。

絵にかいたような貧乏をしていた大学時代、おでんの残り汁とか、うどんの汁なんかでおからを煮たこともありますが、おからの味をギュッと引きしめるのが、ほんの少しの酢とごま油でした。

煮汁の始末は、おからにおまかせ。

138　おからにぎりの作り方　いわしをすしダネに、シャリはおからで

朝早く豆腐屋さんに行くと、あつあつのおからがドカッと出とります。鍋にたっぷり入れてもらっても１００円くらいのもんです。こいつを帰ってすぐ中華鍋でからいりして少し水分をとばしてから、おから煮を作ったりするんですが、いつでも煮つけばかりでは芸がありません。おからコロッケにしたり、マッシュポテトと合わせて、おからマッシュポテトにするのもうまいやり方ですが、今日は、おからでおすしを作っちゃいましょ。

まず、中華鍋でおからをからいりします。焦げつかぬよう、木べらでかき混ぜ、中火で5分。かなりおからがポロポロしてきたら火を止め、このおからを炊きたてのごはんだと自分に言いきかせます。この自己暗示にかかっちまえばもうこっちのもんです。すしおけにおからを入れ、酢と塩、それにほんのちょっとの砂糖かハチミツ。こ

〈いわしの手開き〉

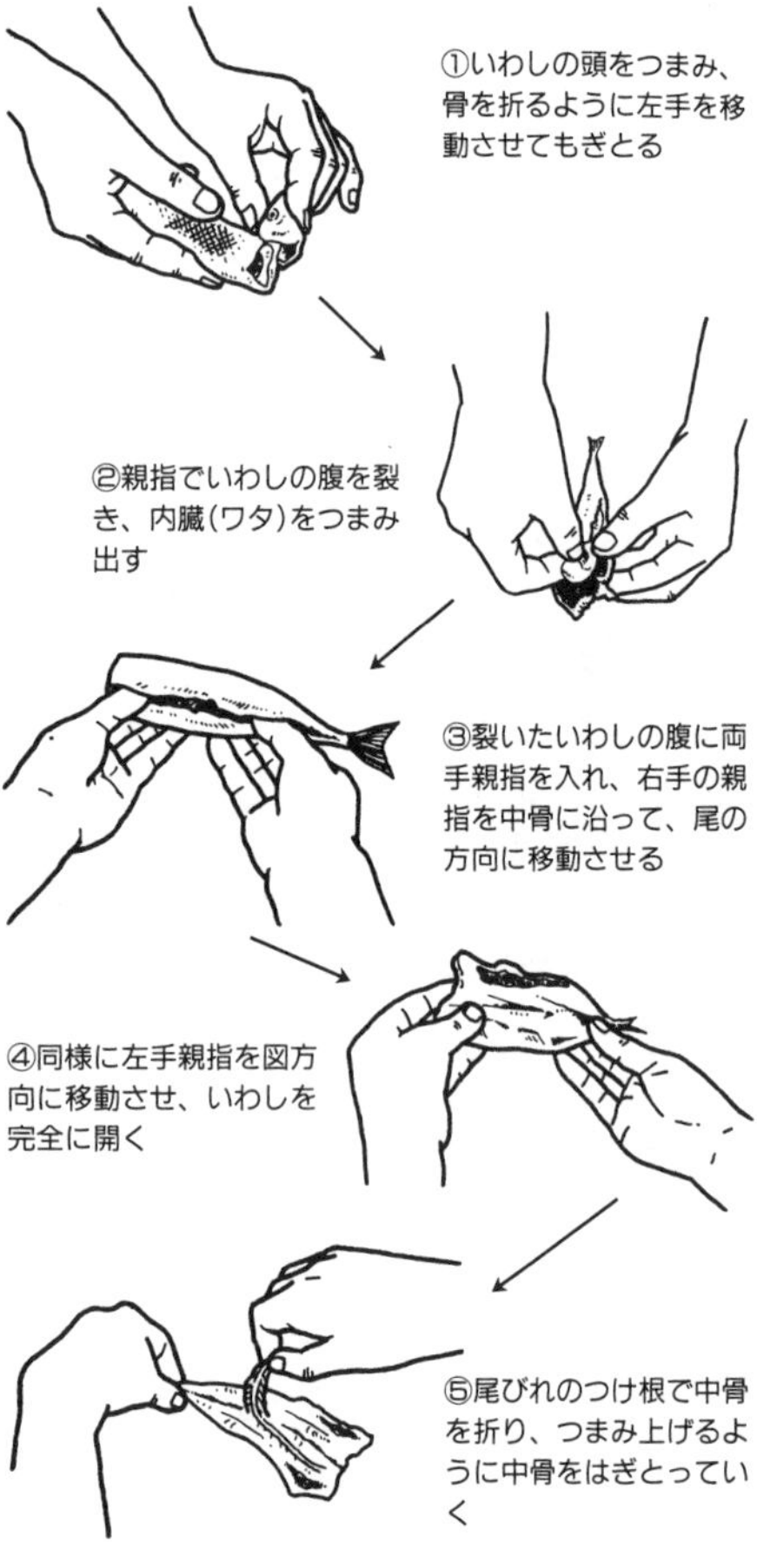
①いわしの頭をつまみ、骨を折るように左手を移動させてもぎとる
②親指でいわしの腹を裂き、内臓(ワタ)をつまみ出す
③裂いたいわしの腹に両手親指を入れ、右手の親指を中骨に沿って、尾の方向に移動させる
④同様に左手親指を図方向に移動させ、いわしを完全に開く
⑤尾びれのつけ根で中骨を折り、つまみ上げるように中骨をはぎとっていく

れらを加えてうちわであおぎながら、よくかき混ぜますと、これでおからシャリのでき上がりです。

さて、おからにぎりという以上、すしダネの魚が必要になります。おからずしだから、タネは豆腐と厚揚げに決まってますというのは真っ赤なウソで、これにはいわしが一番です。いわしの頭をちぎって腹ワタをつまみ出したら、水できれいに洗います。これを三枚におろしたら皮をむき、全体に塩をまぶします。それをタッパーに入れ、昆布を１枚加えて酢をひたひたそそいで１時間くらい置いておきます。これがおからずしのタネになるんですが、いわしが大ぶりなものでしたら、半分に切ってください。

後は自分がすし屋のおやじだという自己暗示をかけます。では両手を前に出してやってみてください。いいですか、まず右の手でおからをひとつまみとり、軽くにぎります。左手の親指と人さし指でいわしをつまみ、おからをにぎった右手の人さし指でわさびをタネに塗ったら、そこにまるめたおからをのせてすし職人みたいにキュッキュッとにぎってでき上がりです。ごはんばかりが、にぎりではありません。ちょいと酸っぱいおからのシャリが、脂ののったいわしの酢じめをよりいっそう美味しくするようです。

139 納豆の食べ方

納豆半分、経費半減

あーなたの　かこーなどー　知りーたくうないのオー
あーまったのオ　なっとおーなどー食べーたくうーないのオー
余ったの？　納豆など、食べたくないの？
菅原洋一が歌えば、知りたくないの、私が歌えば食べたくないの？　いやあ、納豆に生卵を入れたものは、ごはんにかけると旨いもんですが、これが多すぎて残った日には、困ったもんです。ラップをかけて冷蔵庫に入れといても、納豆がフニャーとやわらかくなるし、味もガタ落ちです。
だから納豆を食卓に出す時は、本当に食べられる量だけをパックから出したいもんです。
うちでは買ってきた納豆パックから½だけ小鉢にとり、残りの½は翌日に回します。この納豆にしょう油も卵も入れず、ただただ、箸でかき混ぜます。ひたすらかき混ぜます。そのうちネバネバが白い糸をひくようになり、やがて納豆がネバネバの白いまゆに包まれたようになったら、練り辛子としょう油を入れて、またまたかき混ぜます。割り箸なんかだったら折れるんじゃないかと思うくらいネバネバになったら味も最高。

さて、それを即ごはんにかけるのか？　というのではありまっせん。きゅうりやレタス、ピーマン、みょうが、かい割れなど生で食べられる野菜を、その日の気分でどれかひとつ選び、みじん切りにして混ぜちゃうんです。そうすると、½パックの納豆でもボリュームが出てきてたーっぷりな分量になります。

また納豆だけ食べるより、納豆を½にして、残り半分をみょうがやきゅうりで補った方が、味もいろいろ豊かになるし、食べやすくもなります。もし、½パックの納豆に生卵を混ぜたら、卵が多すぎてゆるゆる納豆汁みたいになりますが、みじん切りの生野菜がたっぷり入れれば、ゆるゆるにはなりません。多く出しすぎて残っちゃうよりは、少なめにして野菜で増量した方が体にもいいんじゃないでしょか？

140 もやしの作り方Ⅰ
売ってるもやしと比べてみれば

唐突ですが、もやしってそもそも何なんでしょうか？

豆やそばなどの粒に水分を与え、暗いところで発芽させたもの、とでも説明すればいいのでしょうか？

普段、別に考えもせずに使っているもやしですが、まあ、いろいろなもやしがあるもんなんです。

スーパーでよく売ってるのが、緑豆という緑色で4㎜くらいの小さな豆を発芽させたもやしです。大豆を発芽させた大豆もやしもよく売っています。そのほかにも、そば、小豆、アルファルファなど、いろいろなものでもやしは作れます。

水分を与えて暗くしておけばもやしはできるんですが、そのほかに温度も大事なポイントになります。大豆や小豆などあまり低温だとなかなか発芽しません。場合によっては発芽しないまま腐っちゃうこともあるくらいです。だから冬に大豆もやしを作る場合は、こたつの中とか毛布で保温してやるとかの暖かさが必要となります。その中で低温でも元気に発芽するのが緑豆です。緑豆もやしなら夏場で4日、冬でも1週間でもやしができます。しかも、自家製もやしは冷蔵庫に入れて1週間たっても腐りません。ピンピン生きてるから冷蔵庫の中でもまだ生長してるんです。

以前もやし工場を見学しましたが、中は熱い蒸気の立ち込めた、高温多湿の蒸し風呂みたいでした。そのおかげでほんの2～3日で大きく生長しちゃうんですが、高温多湿だと雑菌も繁殖しやすいので、出荷前には消毒しなけりゃなりません。この段階でもやしも命を断ち切られるのでしょうか、買ってきたもやしって冷蔵庫で2日ももたつといたんできちゃいます。

さて1kg300円で買える緑豆でのもやし作り、自分で作ると、売ってる1袋のもやしも元値は5円以下、激安無農薬、消毒なしのもやし作り、さっそくやっちゃいました。

141 もやしの作り方Ⅱ

ふたつき鍋で自家栽培

誰でもできる自家製もやし、その作り方です。乾物屋に行って緑豆を買ってください。東京では１袋１kg３００円くらいです。もやし栽培用器はふたのついた鍋。使ってない鍋をもやし用にしちゃいましょ。この鍋に洋食用さじ１杯くらいの緑豆をパラパラと入れます。このくらいの緑豆で売ってるもやし１袋以上のもやしができます。次に水をたぷたぷとはってふたをして一晩そのまま放っておきます。

次の朝、鍋のふたをしたまま、鍋を傾けていくとふたのすき間から水だけが流れ出てきます。こうして水を全部捨てると鍋の中はぬれた緑豆だけが残ります。この鍋を家の中の暖かいところに置いておきます。ふたをしているので、お日さまに当てても光は中に入りませんから、大丈夫です。

次の日の朝、ふたをとり水道の水をたぷたぷ入れ、中の緑豆をザッと洗います。そうしたらふたをして鍋を傾け水を全部捨てます。そしてまた、暖かいところに置いておく。

要するに、一日一度緑豆を水洗いしてその水は捨てる。ふたをして暖かいところに置く。これだけのことでもやしはできちゃうんです。

うちでは30×20㎝、深さ5㎝のふたつきのステンレスバットでもやしを作っています。これをふたつ用意して交代で発芽させるもんだからいつでも新鮮なもやしが食べられます。これをもやし時間差発芽攻撃と呼んでいます。

地方へ講演に行ってもやし作りの話をすると、緑豆の買い方がわからんと言われるんですが、簡単なことです。職業別電話帳で乾物屋を探し、片っぱしから電話すりゃなんとかなります。また、乾物屋に置いてなかったら、乾物屋のご主人に頼み込めば問屋から取り寄せるくらいすぐできるんです。

東京は目黒区という都心も都心にいながら、畑もない庭もないのに、自家菜園で栽培しているっちゅうのもなかなかゆかいなものです。

もやしくらい　安かろうと　言われても
家庭菜園　持ちたかったの

142　うち豆の使い方　すぐに戻り、やわらかなうち豆

さて、乾物屋の料理人、乾物のワザ師と呼ばれた私の乾物ご紹介講座、本日の乾物はうち豆です。2月の節分で福はうちって家中に豆をまきますが、その「福はうち」の豆を利用したのが、今日ご紹介するうち豆というのは真っ赤なウソでして、実は平べったく打ちつぶした豆という意味なんです。最初っからホラ話で申しわけありません。

前に新潟へ行った時、乾物屋さんで分けてもらったのがこのうち豆でした。直径1㎝くらいで緑色をした平べったい豆です。お店の人に聞いてみたら、ひたし豆などにする緑色の大豆を、一度蒸し器で蒸すかゆでるかして、その後プレスでもって平べったくしちゃうそうです。その平べったくなった豆を十分に乾燥させたのが、このうち豆だということです。十分乾燥してるので保存性が良く、一度しっかりゆでたり蒸したりしているので、使う時もあまり手がかかりません。東京に帰ってからさっそく使

ってみました。

まず、うち豆を鍋に入れひたひたくらいに水をはっておきます。30分もしないうちにうち豆は水を吸ってかなりふくれ上がってきます。少し水を足して弱火にかけると、あんなに平べったかったうち豆がかなり丸々と復活してきます。沸とうしはじめた頃に豆をとり出して食べてみましたが、もう十分に食べられます。うち豆を引きあげ塩を少しふって食べてみました。うち豆の香りは、豆腐を作る時のような香りで、味はゆでたて大豆と枝豆の中間みたいな、うっすら甘く青っぽい味です。

その後、うち豆実験をいろいろしてみましたが、いちばん簡単だったのは広口マホービンにうち豆を入れ、熱湯をそそいで30分。これだけで美味しいうち豆にありつけました。また、カレーを作る時、うち豆を水で戻しもせずにエイッと放り込んだんですが、これがなんとコクのあるカレーになりました。

ちょっと大きな乾物屋さんに行って探してみてください。カップ麺なみにお手軽な乾物、うち豆でした。

143 ひよこ豆の使い方　いつでもお豆を

乾物屋に行くと、ひよこ豆っていう豆があります。大豆くらいの大きさですが、豆の一部に一節、スーッと盛り上がった部分がある豆で、色は薄い黄色といったところです。

豆料理の基本どおり、一晩水につけといてからゆでるんですが、大豆よりずっと早く煮えます。沸とうしてから10分かかりませんでした。さて、このゆで上がったひよこ豆ってのはとてもパサパサしていて、そのままで食べてると、口の中がパサついてくるほどです。そこで、おすすめなのが、今日の豆料理、ひよこ豆のチーズ、玉ねぎ蒸しです。

ひよこ豆のチーズ、玉ねぎ蒸し

- ひよこ豆がゆで上がったら鍋の湯を捨て、ひよこ豆だけが鍋に残るようにします。

・熱いです。そこにスライスした玉ねぎと、ごく普通のプロセスチーズのみじん切りをひよこ豆の半量ずつくらい入れ、よくかき混ぜてふたをして、弱火にかけます。
・火は最も弱くしてください。そうすると、玉ねぎや豆の水分のおかげで、焦げることなく、チーズがとろけだし、鍋を時々ユッサユッサゆすってやれば、５～７分で玉ねぎにまで火が通ります。
・チーズの塩味で味つけは十分だと思いますが、好みで、塩、こしょうしてください。

溶けるチーズでなくても、やわらかくなったチーズの味が豆によく合いますし、玉ねぎの水分で、ひよこ豆もしっとり仕上がります。

豆そのものにも、甘みがありますので、子供にも喜ばれる豆料理となるのです。冷蔵庫の片すみでカチカチになったチーズを発見したら、ひよこ豆料理に使ってください。

ただし、カチンコチンチーズの場合、みじん切りは無理です。そんな時はおろし金でおろして使ってください。包丁で無理やり切ろうとすると、包丁の刃がこぼれます。といでくれったたっていやだよ。

144 ひたし豆の作り方　冬場は枝豆のかわり

夏の暑い盛りには、冷たいビールに枝豆ってのが最高の組み合わせでした。いや何、別にビールでなくとも夏の枝豆は、青々とした風味といい、わずかに甘く感じるような深い味わいがたまんないものです。今じゃ冬になっても冷凍枝豆なんぞが手に入りますが、やはり夏のとりたて枝豆に比べたらいまひとつ、というより枝豆っていうと夏の風物そのものですから、あたしゃ夏もの以外は食べねえことにしておるんです。だから秋から冬、そして春までの間に枝豆のかわりに食べてんのがひたし豆。乾物屋さんへ行けば、５００gくらい入って５００～６００円で売ってる安い豆です。もともと大豆の一種のようでして、形はまるで大豆、ところが色が青か黒。

ひたし豆

•ひたし豆1カップと水、あわせて1ℓになるようにして一晩ひたしておく

・これを火にかけ、沸とうしてきたら、

①ふたをとって弱火でゆっくりとゆでます。豆にもよりますが、15～20分で火が通り、1粒とり出して噛むと、まるでゆで大豆みたいな感じです。ざるで水気をきったら、あつあつのうちに瓶に入れ、しょう油をひたひたにして半日おけばでき上がり。

あるいは、

②沸とうしたらすぐ火からおろし、マホービンに入れ、5～6時間以上置いておく。ざるで水気をきり、瓶に入れてしょう油をひたひたにして半日おけばでき上がり。

昔はこうやって作ってましたが、近頃では冷蔵庫などもあるのでしょう油とだし汁を半分ずつ合わせた汁でも十分に保存でき、味も濃くなりません。

しょう油にひたしたひたし豆は、枝豆以上に深い味わいです。それもそのはず、枝豆はそもそも大豆になる前の若い豆ですから、十分生長した大豆やひたし豆の方が、味も濃厚になるんでしょう。ゆでてしょう油にひたすだけのひたし豆、おやつにもビールのおつまみにもよく合う一品です。

145 きな粉の使い方

手軽にヘルシー、きな粉はエライ！

私が子供の頃（１９６０年前後ですが）、よくごはんにきな粉をふりかけて食べていましたが、近頃ではきな粉が食卓に並ぶという光景、あまり見かけなくなってきました。きな粉といえば、お団子やもち、和菓子にまぶしてるくらいしか目撃できません。

しかし、このきな粉ってもともとが大豆です。それをいって粉にしたものですから、栄養価の高いことは間違いありません。タンパク質が多いのは当たり前のこと、カリウムやカルシウムもたくさん含まれている上に、値段もいたって安いんです。しかも、小麦粉や片栗粉と違って熱を加えなくても、袋から出してそのまま食べられるというお手軽栄養食品。

こいつはもっと普段の食事にとり入れた方がいいんではなかろうか、とそう思ってやってみたのがきな粉バター。

少し温めてやわらかくしたバターかマーガリンに同量のきな粉を加えてよく練ります。ただこれだけなんですが、いやはやこのきな粉バター、けっこういけます。きな粉が加わると、バターの味もなんというか、ピーナッツバターみたいになっちゃうんです。ちょっとこうばしいようなナッツの風味のような感じです。

このきな粉バターをこんがり焼いたトーストやホクホクのゆでたじゃが芋に塗って食べてみてください。熱いうちだと香りがきわだってきて本当にピーナッツバターみたいです。バターはほとんどといっていいほど、脂肪分のかたまりです。きな粉をたっぷりと混ぜることでミネラルや繊維質も少しは補えるんじゃないでしょうか？

それにきな粉が加わった分だけ、使うバターの量が減りますから、脂肪や塩分を少し減らせることにもなるわけです。

また、マーガリンやバターのかわりに練りごまでもやってみてください。これ抜群にバカウマ。おまけにバターやマーガリンよりヘルシー。

146 味みその作り方　もらったみそで

よそのお宅へ料理を教えに行ったり、作りに行ったりするもんですから、よそさまの台所や冷蔵庫の中身に関しては、かなり詳しい私です。冷蔵庫の中なんて、どこへ行っても似たようなもんで、しなびた野菜とか、1年前の瓶詰めとか、たいていひとつやふたつはあります。

先日お訪ねした家では、タッパーいっぱいのみその表面にうっすらと白いカビがついていました。これは、しょう油の表面につくカビみたいなもんでたいしたこっちゃありません。というより、無添加のみそだと喜んだ方がいいくらいでしょうが、今時の人は、捨てると言い出す始末。ああ、もったいない。こんな題の本を書く私が、みすみす捨てさせるわけがありません。もらって帰ってちょいと手を加えりゃ、古くなったみそも美味しいみそに早変わりなんです。

なめみそ
・みそと同量の鶏ガラスープ、牛スジのスープを、古くなったみそといっしょに中華鍋に入れます。
・そこに、唐辛子、さんしょう、おろししょうが、にんにく、すりごま、砂糖かハチミツなどを加えて弱火にかけます。
・焦げつかないように、木べらでかき混ぜていると最初はスープでユルユルだったみそが、ネトネトになってきて、そのうち、もとのみそくらいのかたさになったらでき上がりです。

カビが気持ち悪〜いと言ってた人も、十分に火が通った以上、文句は言わせません。鶏ガラや牛スジスープのコクがみそに混ざった上、唐辛子やしょうがなどのピリッとしたのがいいパンチとなって、すこぶる旨いみそに変身しておるのです。

これを瓶詰めにして冷蔵庫に入れとけば、保存性もよく長持ちします。もろきゅうや、サラダ、焼き肉のたれ、冷麺のたれ、それに野菜炒めや豚汁にも使ってみてください。手軽にムチャムチャ美味しくしてくれるんだから、たまりません。

ちょいとばかり古くなったからって、バカにしちゃイカンのです。このみそをつけた焼きおにぎりが、ううっ……、たまらんのですよ。

147 みそ汁の作り方I　だしは夜中にとる

うちのみそ汁は、野菜もりだくさん。にんじん、里芋、大根、じゃが芋、ねぎにしいたけ、いんげん豆、いろいろな種類を少量ずつ、具だくさん。毎朝食べる野菜たっぷりのみそ汁と麦ごはんが一日の原動力です。

みそ汁といえば、まずだし。みそ汁をあまり作らない人に聞くと、だしをとるのが下手だからと言うし、毎日作る人も、だしがめんどうでと言う。そこで一発台所のリストラ!!

朝になって鍋に水、そこに昆布や煮干しを入れるから、だしをとるのに時間がかかるんです。昆布なんぞただ水につけておくだけでも、とても美味しいだしが出ます。前の晩のうちに鍋に水をはり、小さく切った昆布と人数分の煮干しを入れておけば、朝のみそ汁はいたって簡単。

にんじんや芋など、火の通りにくい根菜を小さく切って、まず鍋に入れ、中火にかけます。沸とうしてきたら弱火にして白菜やねぎなどのやわらかい野菜を入れ、すぐにみそを溶き、ふたをして火を止める。2〜3分たってつぎ分けると、だしのきいたみそ汁です。ろくに沸とうさせてないから、昆布のアクも出ないし、一晩水につけてたから、煮つめなくとも煮干しのだしは十分出ています。

夜、寝る前のちょいとしたことで朝のみそ汁が楽になり、おまけによくだしが出るから、昆布や煮干しの量も少なくてすむ。昆布、煮干しだけでなく、干ししいたけを1枚、鍋に入れておいてみてください。これがまた、一晩でいいだしが出るんです。

夜やるか　朝やるかで　大違い
だしは夜だし　俺　寝るだけだし

148 みそ汁の作り方Ⅱ

みそ汁で野菜の補給

食生活に気をつけていると言ってる人の食事をチェックしてみると、ほとんどの人が野菜不足です。気をつけていると言ってる人ですらこうなんですから、そうでない人の野菜不足はかなり深刻な感じもします。食事に気をつかっている人がセッセと食べている野菜といったところで、お昼のランチについてくる野菜サラダとか幕の内弁当の野菜といった程度、これじゃ気休めにもなりません。

ましてや、お昼は野菜サンドイッチなんて言ってる人、こりゃもう野菜を食べていないのと変わりはありません。野菜不足のつけは、年をとってくるにしたがって表れてきます。いずれそのうちにと思ってるうちに、体にガタがくるんです。そうなる前に、さっそく、明日からできる野菜の充実方法を述べてみたいと思います。

毎朝、必ず野菜の入った汁物を食べることです。ごはんの人はみそ汁、パンの人は野菜たっぷりのスープです。入れる野菜はにんじん、じゃが芋、かぼちゃ、大根、こういった重い野菜を小さく切って最初に入れて火にかけます。沸とうしたら白菜、小松菜、しいたけ、ブロッコリー、いんげんなどをやはり小さく切って入れ、弱火で1～2分煮ればでき上がりです。野菜を小さく切ることで早く作れます。そしてなるべく多くの種類を少しずつ入れるのがポイントです。

みそ汁にする人は、最初に煮干しや昆布を入れておいて火を止めてからみそを溶きます。パンに合わせるなら仕上げに塩、こしょう、好みの香辛料やハーブで味を調えます。冬でしたら仕上げに牛乳を少し加えるのもいいものです。また、このスープを多めに作って、冷ましてから冷蔵庫に入れておきますと、夏のコールド野菜スープになります。

毎朝、手をかえ、品をかえの野菜汁でまず野菜不足解消の第一歩。これを続けるだけで、はっきりと体調が良くなる人もとても多いものなんです。それほど、野菜は重要な食べ物、というか、それほど野菜不足は深刻とも言えるんです。

149 減塩みそ汁の作り方

高血圧対策みそ汁

日本人は塩分をとりすぎるといわれるようになって、もう何十年にもなります。そして以前よりは塩分の摂取量も少なくなってきました。今やスーパーに行くといわゆる減塩食品が、どこの棚にも顔を見せています。減塩塩辛↓しょう油↓明太子↓そして↓みそ。このままいくと減塩食塩まで出てくるんじゃないかなあ、なんてバカなことを考えている今日この頃です。

実は私、その減塩なんとかというもの、買ったことありません。理由は簡単でして、塩分の多いものは食べる量を少なくすりゃええだけでしょ。みそ汁を例にとってみましょ。

お椀いっぱいの水をすべてみそ汁にするのに必要なみその量を、仮に10とします。しかし、みそ汁には汁だけでなく具が入ります。普通、豆腐とか、わかめ、ねぎなどが、つつましくちょろっと入ってますから、その分だけ水の量が少なくなりますので、みそも７くらいですみます。

そこでだ、にんじんやじゃが芋、かぼちゃ、大根なんぞを１㎝くらいに小さく切ってドバドバ入れた日にゃ、みそ汁の汁量は、はるかに少なくなるわけですがな。そうなると必要なみその量も５くらいですみます。おまけにドババと入れたいろいろな野菜の旨みが出るから、塩味が少なくても全体としては美味しいみそ汁に仕上がるんです。

みそそのものの塩分を控えても、多めに使っちゃえば、なんにもなりません。それより、野菜の具を増やすことでみその量を少なくした方がいいと思いませんか？　おまけに野菜に含まれるカリウムは、とりすぎた塩分を排泄してくれます。

塩分を‼　拒否する権利も‼　あるはずだ‼

プラカードを見りゃ　減塩権とな

150　にんにくみその作り方　確かに元気がわいてくる

日本人なら忘れちゃならないみそ汁の味。

そのみそにちょっと手を加えた保存食が、昔からいろいろとあります。鯛みそとか、ほおばみそ、さんしょうみそなどもピリッとして旨いものですが、今日はパワー全開のにんにくみそとまいります。昔、お相撲さんもよく食べてたというにんにくみそ。

材料はにんにく、ごま油、ひき肉、唐辛子にみりん、そしてみそ。

にんにくみそ

- 中華鍋を弱火にかけます。
- ごま油を洋食用さじに3杯くらい入れ、すぐに細かく刻んだにんにくを入れます。
- 焦げないようにへらでかき混ぜていると、だんだんにんにくが茶色っぽくなってきます。

・煙が出て焦げちゃうようだと、火が強すぎです。最も弱い火でよく炒めてください。
・次にほぐしたひき肉を入れて、よく炒めます。ひき肉から脂が出てくるようになると、ひき肉も小さくちぢこまってきますから、そこでみそです。
・みそはひき肉の2倍くらい入れ、すぐにみりんを加えてのばします。
・後は唐辛子をふって、木べらでよくこねあわせます。

にんにくの香りと旨みが油に溶け、そこに肉の味も加わり、それがみりんでゆるませたみそと混じっちゃうから、すごく旨みのあるみそになります。みそ全体に火が通ったら、早めに冷まして、きれいに洗った瓶に入れ、冷蔵庫に入れておけば長持ちするにんにくみそです。焼きなすに塗ったり、ふろふき大根にのっけたり、湯豆腐にもよく合います。もろきゅうのもろみがわりにもいけるにんにくみそですが、ポイントは、にんにくとひき肉を弱火でしっかり炒めること。ごま油で焦げないように炒めると、にんにくとひき肉の水分が抜け、そこにみりんとみそが加わることで保存性がよくなるんです。

昔、これを教えてくれたお相撲さんは、夏バテぎみの時、このにんにくみそを丼めしにのせ、お茶漬けにして食べたと言ってましたが、普通の人がそんなことすると、塩分のとりすぎですからマネしないでください。

151　みそドレッシングの作り方

和風ドレッシング

野菜サラダを食べる時に、サラダドレッシングを使います。

私は、生野菜サラダより、ゆでたり蒸したりした温野菜の方が好きですが、その時にも、ドレッシングは使います。近頃では、いろいろなドレッシングが売られていますが、あたしゃ相変わらず、自分で作ったものを使っています。

いろいろなドレッシングを作りますが、なかでも好きなのが、みそを使ったドレッシングです。基本的には、みそに酢を加えてよくかき混ぜて作るんですが、私の場合、サラダ油はほんの数滴入れる程度にしています。

サラダ油を入れるかわりに練りごまを少し入れる場合もあります。これだと、ドレッシングというよりは酢みそって感じもしますが、香辛料やハーブ、また、酢のかわりにかんきつ類のしぼり汁などを使うとかなりドレッシングしてきます。

レモンやゆず、かぼす、すだち、夏みかんやグレープフルーツだって、みそドレッシングにはよく合います。こしょうやパプリカ、チリペッパーやクミンなんかの香辛料もみそによく合います。しその葉っぱを小さく切って混ぜても、なかなかさっぱりしたみそドレッシングになります。

今までに作ったみそドレッシングで、まあなんとも変な組み合わせだったのがヨーグルト入りみそドレッシング。聞いただけでブキミ～と思うあなたは、まだ甘い。

ヨーグルトといっても、お砂糖なんぞ入っていない、プレーンヨーグルトです。こいつとみそをよ～く混ぜ合わせるとヨーグルトの酸味がきいて、なかなかいいドレッシングになるんです。この時はマスタードとペッパーを入れ、みかんを１個しぼって加えてみました。ヨーグルトを入れると、ドレッシング全体がいく分、フンワリした感じに仕上がります。ブキミついでにいっちゃうんですが、あたしゃこのドレッシングでうどんを食べちゃいました。

ゆでた後、冷たい水で冷やしたうどんをざるで水きりしてお皿に盛ります。そこにこのヨーグルトみそドレッシングをたっぷりかけ、かい割れをのっけてでき上がりです。サラダうどんというのかなんというのかよくわからんのですが、実に旨かったことはお伝えしておきます。

終章　手作り和食がいちばん時短・安全

うおつか家のひと工夫

152　家庭料理のススメⅠ　料理屋料理をマネしない

相変わらずテレビじゃグルメ番組をやっています。ひと頃ほどじゃないにせよ、雑誌も旨い店の特集は必ずやっています。そして、今や日本中の主婦がプロの料理人の料理つまり、料理屋料理を家庭料理にとり込もうとしているような気がします。私自身、大正7年から続く料理屋に生まれましたから、よくわかるんですが、料理屋の料理と家庭料理は、**その条件も内容も大違いなんです。**

家庭料理って家族の好みとか健康とかを考えて、一定の予算と一定の時間内に作るものです。しかし料理屋の料理は、お客さんひとりひとりの好みや健康のことまでは考えることができません。ですから味つけだってうす味よりは少し濃いめになりがちですし、お金をいただく以上ぜいたく感も必要です。

健康を考えるならば、もう少し肉を減らした上で、にんじんやかぼちゃなどを多めにした方がいいとわかっていても、それじゃお客さんは納得してお金を払いません。

しかたなく野菜を減らして肉を増やし、こってりしたカロリーの高い食事になってしまうのです。

これは人間の歴史を調べるとわかることなんですが、経済的に豊かになると人間って野菜や穀物から肉へと移っていくものなんです。そして同時に生活習慣病が増え老化も早まっていくようです。

だから料理屋さんで栄養学やなんかをしっかり勉強した人は悩んじゃうんです。お客さんの健康を優先すると、店の経営が成り立ちにくいからなんです。お店である以上、経営が成り立たなきゃダメでしょう。そういう条件の下にあるのが料理屋さんの料理で、その料理と同じものを家庭でも作りましょうとやってるのが、昨今のグルメ番組や料理教室じゃないでしょうか？

ママの料理は、なんとかホテルのシェフゆずりよって言うと、聞こえはいいですが、家族の健康を考えると、首をかしげたくもなります。本職の料理人から学ぶべきところはいろいろとあります。包丁さばきなどもそのひとつですが、少なくとも食べるもののバランスに関しては、あれはあれ、あくまでもお金をいただくための組み合わせと冷めた目で見るようにしないと家族の健康を守る家庭料理とはいえないでしょう。

153 家庭料理のススメⅡ

見せ物ではなく実質的な食卓

あたしゃ段取りがいいせいか、夕食の仕度も30分くらいですんじゃいます。それで5～6品作るのを当たり前と思ってる人間ですから、たまによそさまの台所仕事を見てビックリすることがあるんです。先日友人の家を訪ねた時、近所の魚屋で魚を買ってお土産がわりとしました。そして夕食の準備にとりかかる時、「あたしが魚料理するからあんたは野菜料理頼むわな」と、分担してとりかかりました。

魚の方は、刺身、吸い物、肝の酒蒸し、頭の塩焼きと、まあこんなところです。それに大根のつまやすしめし、手巻きずし用の焼きのりなんぞを用意し終えてちょうど30分でした。配膳がすんだ頃、友人も料理ができたと運んできましたが、これがなんと茶碗蒸しひとつだけ。あんたは30分間、この茶碗蒸しひとつにかかっちょったんか？　と言葉に出さず、目でものを言いました。

あたし思うに、家庭料理作りって、限られた時間との折り合いのつけ方だと思います。家族の健康のこと、食事バランスのことなどを考えるならば、一点豪華な茶碗蒸しひとつを作るより、おひたしと肉野菜炒めと煮物が並ぶ方を選びます。なにか豪勢な料理を作って皆を驚かせたいとか、ほめられたいという気持ちはわかりますが、そんなのを日常的に続けられてはかないません。

では、短い時間でどうすれば効率よく、たくさんのバランスのとれた食事作りができるのか？　ひと言で言うならば、まず材料を確認した後で、完成した食卓の全体像を頭の中に描くことです。

キャベツと豚肉とピーマンで炒め物、小松菜はおひたし、里芋とにんじん、大根、煮干しに昆布で煮物と、このように完成図が頭の中に広がれば、おのずと段取りも決まるものです。時間のかかる煮物を最初にとりかかり、冷えてもいいおひたしもすぐにはじめます。

煮物だって早く煮ようと思ったら、にんじんを小さめに切りゃええんですし、煮物に小松菜をぶっこんで途中で引きあげて、水にさらせば簡単におひたしになります。段取りよく日常の食事を作るには、料理を一品一品作ることより、まず、食卓全体を大きく把握してとりかかるのが、コツなんです。

154 料理の段取りⅠ

あき時間の利用上手

以前、静岡に講演に行った時の話です。講演が終わって質問に答えていましたら、30代の主婦の方から、どうやれば台所仕事が早くできるようになるんですか？　と聞かれました。あまりにおおざっぱすぎる質問だったんで、逆にあなたはどのくらいかかりますかって聞いてみたんです。

すると、準備からでき上がるまでが2時間、片づけが1時間、これ、1食作るのにですよ。こりゃ、20人家族じゃろうと思いましたが、5人家族だっちゅうんです。私の場合、2人家族で一日3食すべて手作りでトータル65分ですから、そりゃ質問もしたくなるわなあと思いました。

台所仕事、作るのも片づけるのも含めて、手早くやろうと思ったら何はともあれ、段取り上手の段取り君になることです。

例えば、10分間という時間の中で、ゆで卵を作るだけの人もいれば、ゆで卵とおひたしを作り、その上納豆をかき混ぜて、かつお節を削り、配膳まですましちゃう人もいます。これじゃ台所時間に差が出るのも当たりめーのするめです。

段取り八段、免許皆伝の私でさえ、以前はどえらく時間がかかったもんです。段取りワザは、おいおい述べていきますが、何はともあれ、段取り初段の入門編。

作りながら片づける、というのが、まず第一歩です。使い終わった鍋はその場で熱いうちに洗って片づける。もちろんその時に、次の鍋はガス台にのっかって調理が始まってる。これが第一歩です。

つまり、料理を作り終えた時には、台所はきれいさっぱりなにもなし。これが段取りの入門編でした。

段取りを　段取り　段取れ　段取られ
段取られんけん　やっぱり段取り

155 料理の段取りII

時間のかかるものから調理

炊きたてのごはんに熱いみそ汁、そこに焼き上がったばかりのあじの開き、これこそ日本の朝食といった感じがします。

あるところでこのような朝ごはんを出していただき、いざ食べようとしたら、なんとそこの家の人、台所へ行っておろし大根をおろしはじめました。そのくらいならあたしゃ怒りませんが、あろうことか、今度は鍋に水を入れて火にかけちゃった。「何か作るんですか」って聞いたら、「ええ、野菜料理がないから、ほうれん草のおひたしでも作ろうと思って」ときました。あきれはてたあたしゃ、この人、どんな食卓に仕上げてくれるのか、じっくり見届けちゃろうと、ただ黙って見守ることにしました。

おろし大根をおろして、ほうれん草のおひたしを作り、上にのっけるかつお節を削っていただきま〜す、になったのはなんと20分も後のことです。

おろし大根とほうれん草が加わったことで栄養のバランスはよくなっています。しかし、立派に冷えきったみそ汁、ごはん、焼き魚って楽しく食べられますか？　こういうのを昔の入院食と言うんです。栄養バランスさえとっておけば、盛りつけや温度、器などおかまいなし、というやつです。料理上手は段取り上手です。冷たいものは冷たく、熱いものはあつあつで食卓に並べるのが段取り上手でしょう。

なにも難しいことではありません。おひたしやおろし大根、納豆なんぞは早めに用意しておいて熱いものは食べる直前に仕上がるよう段取ればエエのです。料理にとりかかる時、その日に作るものを決めたら、順序を決め、みそ汁や煮物などが火にのっかってるうちに、冷たいものをどんどん食卓へ並べていきます。ちりめんじゃこや焼きのりなんかも、この時に食卓に並べちゃいます。そして最後に熱物を並べたら、即、いただきます。

これをとりしきるのが台所人です。うちでは私が作りながら同居人に、納豆持ってってかき混ぜろだの、梅干し運べだの指示を出しとります。

どうせ食べるなら手早く作って美味しく食べる、そのためにも上手に段取ってください。

冷やめしに　冷めたみそ汁　恋も冷め

156 料理の段取りⅢ

流しは物置ではない

私の本を読んだ方ならご存じでしょうが、私は3食すべて自炊して、その時間は一日65分くらいです。これはさまざまな台所術を駆使しているおかげなんですが、食べ終わった後の片づけも実は早いんです。今日は料理の段取りシリーズ第3弾、洗い物についてです。

食事が終わったら流しに食器を片っぱしからつっ込み、水をはってしばらく置いている人がいます。そうしておいてから、スポンジに洗剤をつけて洗っているようですが、私の場合はそうはしません。

食べ終わった食器を台所に運びます。運んだらその場で即洗います。湯沸かし器の湯で流しながら、たわしとふきんを使い分けて洗うんです。傷つきやすいものはふきん、陶器類はたわし、もちろん汚れの少ない方から洗いますので、油のついているものなどはいちばん最後となります。湯沸かしの湯とふきん、たわしを使えば、おおよそ洗剤はいりません。

納豆のネバネバはたわしを使います。油のついた皿は少し熱めの湯できれいに落ちます。スポンジだとどうしても洗剤を必要としがちですが、目の粗いふきんってけっこう使い手がいいんです。こうして洗い終わった食器や鍋はいったん水きりに入れ、その後ふきんでふいて片づけます。この間いいところ5～10分でしょうか？

私も以前は洗剤とスポンジを使ってたことがありますが、食べ終わったらすぐに洗うこと、洗い物をいっしょくたにせず、汚れの少ないものから洗うこと、これを実践しているうちに洗剤もほとんど使わんようになりました。

使った食器を流しに全部放り込んで水をはっちゃえば、たいして汚れてない食器までもが、油でネトッと汚れたりしちゃうでしょ。そうしたら洗剤もたっぷり使うことになるし、洗う時間だって長くかかっちゃいます。

私のうちでは台所スローガンというのがありまして、洗い物に関して言えば、流しに食器を置くな、置くなら即洗えというものです。

157 料理の段取りⅣ　夕食の支度は朝のうちに

私はずるい人間です。3食すべて自分で作ってるには作っていますが、いつも「うまいこと手を抜いてやろう」とか、「もっと楽して作れんだろうか」とかばっかり考えておる、ふとどき者なんです。今日も朝からずるいことをしてしまったので、今ここで懺悔《ざんげ》いたします。

朝、みそ汁を作る時、にんじん、じゃが芋、玉ねぎを普段の3倍もたくさん入れてしまいました。にんじん1本切るのも3本切るのもたいした違いはない。だったら、いっぱい入れちゃえ。そんなふらちな心からなのです。そして野菜が煮えた頃、みそ汁に必要な分量の野菜を残し、後は網じゃくしで引きあげ、冷ましてから冷蔵庫に入れてしまいました。

それだけではありません。しらすおろしを作るのに大根をおろしましたが、残った大根を細く千六本に切ってタッパーに入れ、梅干しをつけていた梅酢をかけ回して、やはり冷蔵庫に入れてしまったのです。まだまだ懺悔は続きます。ごはんを炊く時、炊飯器の中に卵を1個入れてしまいました。ごはんが炊けた時にはゆで卵もできていたんです。

さて、夕方、仕事から帰ってくると、まずゆでたにんじん、じゃが芋、玉ねぎを引っぱり出してフライパンに入れ、火にかけます。そのフライパンの上でトマトをおろし金でおろし、塩、こしょうすれば、野菜のトマトソース煮が5分とかからずでき上がりです。梅酢をふりかけた大根の千六本はピンク色鮮やかな桜大根、ちぎったレタスに切ったゆで卵をのせてサラダのでき上がり。

なんとまあ、朝ごはん作りの時に夕ごはんを、ほとんど作ってたという本当にずるい横着者の私です。以前に書いた本の中では、段取りの名人なんてえらそうに書きましたが、本当は、とてもずるいふとどき者であるということ、ここで懺悔いたします。

158 鍋物のやり方

具は少しずつ入れる

冬は鍋物です。誰がなんと言おうとあたしゃ鍋物で〜す。刺身があろうと、天ぷらがあろうとあたしゃ鍋をひとつお供させます。だっていちばん手軽に野菜をたっぷり、それもできたてのあつあつを、その場で食べられるんですから冬場にやらない理由が見当たりませんがな。

とかなんとか言いながら、本当は酒のさかなに鍋物が欲しかっただけだったりするんですが、それはさておき、皆さん鍋物はどんなやり方をしているでしょうか？

前に居酒屋さんに行ったとき出てきた鍋物は、土鍋の中に最初から具が全部入っていました。白菜、ねぎ、しらたき、豆腐、魚の切り身、えのきだけに春菊、そしていちばん上に十文字に包丁の入ったしいたけが一枚。これをガスコンロの上にかけちゃうんだからたまりません。どれもこれもあっという間に火が通る材料ばかりですから、早く食べないとトロトロにとろけてしまいます。魚なんぞ、ちと油断してるとかたく煮しまるし、アクは出るしで踏んだりけったりです。トロトロやかたく煮しまる前に食べようと思ったら、新幹線なみの猛スピードで食べなければなりません。酒飲んどるひまもありゃせんやないですか。

だから、うちでやる時は、具を少しずつ入れるようにしています。昆布だしに酒を加えて土鍋を火にかけたら、まず魚とにんじん、里芋などを入れます。魚はすぐに火が通るので、アクが出る前に引きあげてポン酢などのつけだれ。次に白菜やねぎ、火が通ったら引きあげて食べます。そうこうするうちに里芋やにんじんにも火が通ります。このように少しずつ足していった方が、トロトロやかたく煮しまることなく、しかもゆったりと食べられると思います。

土鍋をかけるとき、火はずっと弱火です。

159　包丁の使い方　「切れる包丁」自分でとげば

「あら、この菜切り包丁、安くない？」

「安いわよおう。あたしもこないだ買ったの。よく切れるわよおう」

「そうよねえ。うちの包丁、もうあんまり切れなくなっちゃったから、この際、新しいの買っちゃおうかな？」

「買っちゃいなさいよおう。なんたって新しい包丁の方がよく切れるわよ、お料理は切れ味よおう」

スーパーマーケットの雑貨売り場で包丁を手にした主婦たちの会話を盗み聞きしちゃったんですが、あたしゃあきれ返りましたです。包丁の切れ味が悪くなったから新しいのを買う？　新しい包丁はよく切れるだと？　たわけ者っ‼　ふとどき者っ‼　いったい何考えて生きとるんじゃい。包丁ってのは、切れ味が落ちてきたらとぐんじゃ。新しいのを買うんやないわいっ。

そのために世間には「砥石《といし》」ちゅう便利なものがあるとです。別にたいして難しいこっちゃありません。荒砥、中砥の2種類をそろえりゃ普通は大丈夫。刺身包丁などをとぐ場合にはその上の上砥というきめ細かい砥石が必要ですが、そんなんはかなり本格的な世界の話、荒砥、中砥でまずはＯＫ。

砥石は使う前、3～5分水につけておきます。それからとぎはじめるんですが、包丁とぎって、一、二度見学すれば、そそこにはできるようになるもんですから、魚屋さんとか刃物屋さんでよく見てください。ごく普通の使い方をしとるのでしたら、菜切り包丁なんて1か月に一度とげば十分です。どうしても自分でとげんのだったら刃物屋さんに持っていくと何百円かでといでくれますから、その時にじっくりプロのとぎワザを盗み出してきてしまいましょう。何百円かでといでもらうくらいなら、1500円の新品を買っちゃおうなどと思ってるあなた。そう、あなたは世間知らず、物知らずのおろか者と呼ばれる一歩手前にいることに気づかねばなりません。新品の包丁の刃はといでいないのだ。だからスーパーや刃物屋さんで箱に入って売ってる包丁は、といでいない、よく切れない包丁なのだ。

そうとも知らずにそれを買って「新しい包丁はよく切れる」と喜んでるあなた、あなたの今使っている包丁はよく切れない包丁どころではなく「信じられんくらいトコトン切れない包丁」ということになる。自殺しようと手首にあててもさっぱり切れない自殺防止包丁とか、もとは包丁だった鉄のへらとでもいうべきものだったんだ。

包丁なんて一度買えば10年以上使えます。洋服みたいにはやりすたりがあるわけでもないから、「この包丁あきちゃった、今度は水玉模様にしようっと」なんちゅうこともありません。

包丁を持つということは砥石も用意するちゅうことだと認識することではないでしょうか？

といでない　包丁喜ぶ　おろか者

強盗やるならといでから行け

160 家庭用台所道具　高けりゃいいってもんじゃない

いるんだよなあ、高級包丁8本組35万円とか、プロ用ハイカロリーガスバーナーなんかを買って喜んでる人。そんな人に限ってあんまり普段は料理しないんだよなあ。日曜日に会社の同僚や部下をうちに呼んで、高級食材を林立させて得意になって料理するんだよなあ。後で台所をちらっとのぞくと、使い残したブロッコリーやセロリの葉っぱ、魚のあらに鶏の皮、出した道具は出しっぱなし、小麦粉は床にこぼれ、鍋は汚れたままで流しの中。その上、次の日は料理しないもんだから残った食材はただだだいたんで、行く末は冷蔵庫のこやしになっちゃうんだよなあ。

うーん、のっけからぼやきまくってしまったが、現実にこのタイプの人って多いんです。特に男に。台所道具を買いに行って、これはプロの方も使ってますと言われようものならコロッとまいっちまって、少々高くても買っちゃうんだよねえ。

私の友人で業務用ガスレンジを新築の家にデデーンと備えつけた男がいるんですが、業務用のガスレンジって直径30㎝くらいのでーっかい寸胴をのせるように設計されとるですよ。そこに家庭用の直径18～20㎝の鍋なんかのせたらどうなると思います？　ガスの火は鍋の外。普通、ガスの火は鍋の底でしょうに。でもって彼はなんと言ったと思います。

「鍋をみ～んな大きなのに買い替えよう」

しっかりせえよ。あんたんち2人家族やろ。直径30㎝の鍋で2人分のみそ汁を作るんか？

その後、あれこれ知恵をしぼったおかげでその業務用ガスレンジも使いこなしてはいるものの、なにせ業務用だけにやたらでかい。火口は3口なのに横幅120㎝、奥行き70㎝、こりゃ家庭用ガスレンジの倍くらいあるんじゃなかろうか？　ついでにいうならここのうち、業務用の冷蔵庫まで買っちゃったんだが、これがまた業務用の悲しさよ。マイナス25℃だかなんだか、そりゃあ立派な能力でしょうが、音がやたらとやかましい。一日中ウォーンってな音がするし、サーモスタットが作動すると、そこにグゥオーンという音がのっかってくる。おかげで今じゃ電源を抜いて、アイスボックスから、単なるボックスへ格下げになっちゃった。

包丁やガスレンジに限らずフライパンでも鍋でも、自分の家庭のスケールに合ったものが一番でしょ。それに品質の良しあし以前に、どう使いこなすかです。10万円の包丁だってとがなきゃ、といだ2000円の包丁に勝てませんがな。8本組35万円の包丁セット、どうせろくに使っとらんのなら、あたしにくださいまし。

業務用レンジフードは　でかすぎて

窓をこわすか？　フードを切るか？

161　ボウルと鍋

1個で二役、経費半分

台所が狭い狭いとおなげきのあなた、うちにおまかせくださいといきおい込んでやってくるのは、住まいのリフォーム何とか工務店の営業マンです。自慢じゃありませんが、うちの台所の狭さときた日にゃ、天下一品です。先日、サンケイ新聞の方が取材に来ましたが、カメラマンは台所をひと目見たとたん、カメラに魚眼レンズを取りつけて写しはじめたほどです。

そんなに狭い台所ですが、必要な台所道具はすべてそろっていますので、この台所で150人分のパーティー食を作ったことだってあります。こんなふうに言うと、近頃はやりの収納名人でしょうといわれそうですが、私の場合それ以前、つまり収納以前の問題なんです。収納以前ということは、収納する台所道具に問題があるということです。

一度、自分の台所道具をよく見直してみるとわかると思いますが、1年以内で、ほとんど使っていない道具ってありません??

便利そうだなあと思ってついつい買っちゃったものの、一、二度使ったきりっていう道具がありませんか? 通信販売のカタログなんかでついつい買っちゃった。けどネ……ていうものが、場所ふさぎになってんです。こういうものをバザーやフリーマーケットで処分すれば、少しは台所も広くなります。

さて、次の術がポイントです。

台所道具は何種類かの目的に使えるものを使うこと。例えば、普通のお玉がひとつあればことは足りるのに、つぎ口のついたものや、少し深いものなどたいして使わないものをそろえるから、場所ふさぎになるんです。これなんかどうですか、丸底の片手鍋があれば、ボウルのかわりに使えるでしょ。天ぷらの衣だってボウルでなくても片手鍋でできます。でもボウルは片手鍋のかわりに火にかけられますか?

道具が減れば、結果として台所は広くなるという話でした。

ありゃ便利　おそらく便利　便利かも?

買ってみたけど　ほとんどお蔵

162　中華鍋の使い方　煮物、蒸し物、炒め物

以前ある雑誌で、料理は男の一大事という特集の仕事をしました。単身赴任とか、奥さんが亡くなった中年男のための料理入門編というコンセプトでした。その時は、どちらかというと中年以上の男の人を対象として書いたんですが、これがもっと若い人、例えば地方から上京してきた大学生、就職してひとり暮らしとなった20代の男の人あたりでしたら、また別の展開をしていたと思います。

あたし自身18歳で親元を離れてからずっと自炊していますが、特に初期の頃重宝したのが中華鍋です。それも両手鍋でなく、柄のついた直径30㎝くらいのものです。あたしゃずっと電気釜でなくガスのじか火でごはんを炊いてきましたが、普通、電気釜があれば、まずめしを炊けんという人はおりません。めしが炊けりゃ、後はおかずです。圧力鍋だの雪平だのホウロウ鍋だのと、料理をまだしたこともないのに道具ばっかりそろえても始まりません。

それより、まず中華鍋と、それに合うふたをそろえてください。直径30㎝の中華鍋があれば、キャベツ、ほうれん草、小松菜、白菜、ピーマンなどの不足がちな野菜もたっぷり入れた炒め物など朝めし前です。

おまけにふたつきともなれば、野菜を入れた後、ふたをして火にかけることで、焦げつかず、蒸し焼きにもできます。肉じゃがやたけのこの煮物だって中華鍋にふたがあれば十分できます。

当然のことですが、天ぷらやフライだって中華鍋でできますし、揚げ物が終わった後、揚げ油をオイルポットにとります。その後の中華鍋にはまだ全体に油がうっすら残っとりますがな。この油で野菜炒めを作っちゃえば、明日のお弁当のおかずがもうできてしもうたやないですか？　ひとり暮らしを始める男の人にはぜひ中華鍋をおすすめします。もしも、使いこなせなかったら衛星放送用のパラボラアンテナにでもしてください。

163　オイルポット活用法　廃油が出ません、太りません

近頃はエコロジーばやりですから、環境にやさしいエコロジークッキングなんてのをやってる人もいます。テレビで見ていると、天ぷらを揚げた後、天ぷらは油きりにのせてから、キッチンペーパーにとり、その後で皿に盛りつけていました。そして、そのキッチンペーパーで油きりのバットをよくふいていました。天ぷらに使った中華鍋は、いらなくなった電話帳を破ってゴシゴシふいて油をとった後、水洗いしていました。

こうすることで下水を油で汚さずにすむのだと説明していましたが、あれがいわゆるエコロジーなんですか？　と、あたしゃあきれちゃいました。

私とてたまには揚げ物もします。その時には、油をはった中華鍋のわきに、オイルポットを置いておきます。オイルポットって上ぶたをとると、細かい網目の中ぶたがありますでしょ。揚がった天ぷらは、ひとまずそこに置くんです。そして次の天ぷら

を揚げてる間に、だいたいよけいな油はオイルポットに落ちちゃいますから、次の天ぷらを油から揚げる直前にオイルポットにのせた天ぷらを皿にとります。こうして揚げていき、最後には中華鍋に残った油を全部オイルポットに移して保管するんです。これなら、油きりバットも、それをふく紙もいりません。

そして、使った後の中華鍋。鍋全体に薄く油をひいたような状態なわけですから、なにも紙でふくことはありゃしません。野菜炒めを作っちゃえば、その油とてほとんど使いきれます。

仮にその日食べなくっても、次の日のお弁当とか、いろいろ使い回せるはずです。中華鍋に残った油を紙でふきとれば、水は汚さずにすむ。間違ってはいませんが、あまりに安直すぎます。野菜炒めにすれば、その油とて捨てずにすむはず。目先のエコロジーなんて、どこか罪ほろぼしのためにやってるように思えませんか?

油を紙でふいて捨てるより、野菜炒めにする方が、環境にもやさしいんじゃなかろうか?

164 ふきんで洗い物

銀行でもらったふきんを利用

皆さん食器洗いはどうなさってますか？　スポンジに洗剤をつけて泡立ててというのが、これまでの主流でしたし、私も20年くらい前まではそうしていたもんです。でもある日その洗剤を切らしちゃった。そりゃま、スーパーへ買いに行けばいいんでしょうが、そこがそれ、子供の頃からどこか「変」な人と言われてきた私です。洗剤なしでも食器は洗えるんじゃないか？　って考えだしたんです。だってものの40年くらい前まで食器洗うったって、いいところ、たわしにふきんにぬか、みがき粉、こんなもんでした。40年前の人にできて、今の人にできんわけがあるまいてと思いたち、洗剤なし食器洗いをはじめてみました。

まず最初にわかったのは、スポンジは洗剤の恋人だったんだってこと。洗剤を使わない場合のスポンジってあまり役に立ちません。反対に洗剤なしとなって活躍しはじめたのが、目の粗い木綿や麻のふきんです。これにたわしがあれば、だいたいの食器は洗えました。うちでは油料理が少ないので特に洗いやすかったのでしょうが、油のついた器とかガラスのコップなんぞも、湯沸かし器の湯とふきんできれいなもんです。これにたわしを加えたら、がんこな焦げつきまでいちころですがな。

まあ、当たり前のことですが、食器は、食べ終わったら汚れの少ないものから、すぐに洗います。全部の食器をいっしょくたにして水につけておくと、たいして汚れてない食器まで油でベトついたりしてきて、洗剤が必要になっちゃう。

1か月に1~2回ぬかやみがき粉で、少しくすんだ器だけを選んで少々洗う、というのが、うちの洗剤の出番となっています。

古ぎれを　ぬってふきん　ぞうきんを
作る私って　古代人なの？

165 まな板手入れのやり方

まな板は雑菌がいっぱい

毎日の台所仕事では、まな板は欠かせません。まあ、今の時代、まな板も包丁も持っとらんという人もいるみたいですが、そげなお方は今回の話、じぇ〜んじぇん関係ありません。

昔は、まな板と言えば文字どおり木でできていました。今も木のまな板はありますが、同時にプラスチックみたいなものでできたまな板もよく使われています。今回はそのまな板の手入れ方法の話です。

まな板にものをのせて包丁で切るわけですから、まな板にたくさんの傷がつくのは当たり前のことです。包丁がまな板に当たる寸前で止めるなんて、宮本武蔵か塚原卜伝にしかできない芸当です。その傷に、いろいろな雑菌や食中毒菌が入り込むと、困ったことになっちゃうんです。包丁の傷がなくったってまな板にはたくさんの菌がはびこっています。

ましてや傷の多いまな板には、よりたくさんの菌がいるということですから、毎日の手入れもしっかりしないと特に梅雨時なんぞは食中毒のもとになります。

食中毒を起こす中毒菌にはいろいろなものがありまして、１００℃、２００℃といった高温でも死なないもの、また冷凍にしても死なない菌、空気を抜いて真空にしても１か月くらいへっちゃらな中毒菌までいる始末で、本当に始末におえません。

　これは気にしだしたらきりがありませんので、日常的にできるまな板の上手な手入れ方法を、ざっと述べておきますが、基本はとにかく洗うこと。

　それも流水でしっかり洗い流すことです。そして水けをきったら、よく乾燥させること。ふきんでふくと、またまた中毒菌がつくことがありますから、自然乾燥させます。洗い終わりに熱湯をザーッとかけて干しておくのもいいようです。

　湿ったままで置いておくと中毒菌がふえやすいので、もし日当たりがよければ日光に当てるのもいいようです。

　そして最後にひとつ、使う前にはまず流水でしっかり洗ってから使うことです。当然のことですが、まな板を洗うたわしもいつもきれいに洗って水けをきっておいてください。

166　高齢者の食　　年とともに食も変わる

若い頃は多少ムチャクチャな食生活をしていても、たいした病気にもならずにやっていけるものですが、だんだん年をとってくるとそうもいってられなくなります。

中学生の頃なんて丼めし4～5杯食べ、肉や魚もバンバン食べ、バターやマヨネーズなんかもドカドカ使っていましたが、それ以上に運動もしていたし、体も成長しつづけていましたから、別に太るでもなく元気なものでした。

しかし、30～40歳と年をとっていくにしたがって、とてもじゃないが、そんなに大量には食べられなくなってきました。さて、これが50代、60代、70代となってくると、食生活はどのように変わっていくのでしょうか？　ひと言で言いますと、量より質、量よりもバランスということでしょう。

年をとってからの食べ過ぎは肥満のもとです。30代にもなれば、誰だって体の成長のために食べるんじゃなくて、体を維持するために食べるはずです。

30すぎて、10代の頃みたいにカツ丼やスパゲティーの大盛りをバンバン食べるから、中年太りするんです。太ってくると、それがもとになって高血圧をはじめとするさまざまな生活習慣病の可能性が高まってきます。

じゃあ、食べなさすぎならいいのかというと、それもまた困ったちゃん。栄養バランスがとれていなかったり、基礎的なカロリーもとれていないと脳の老化が早まることもあり、ボケを早めたりします。

そうなると、今の高齢化時代、バランスよく、しかし少量ずついろいろなものを食べるってことが必要となってきます。少量ずついろいろな種類のものを食べるっていっても、作ることを考えるとちとめんどくさくもなりますが、そこはそれ、ひとつ知恵を働かしてみてください。

豆腐を1丁買っても1人分では多すぎます。冷や奴の分をとったら、残りはふきんでくるんで水気をきっておき、次の日にフライパンでちりめんじゃこといっしょに、からいりにしてみてはいかがでしょう。

大豆なんて一度にた〜くさんゆでといて、小分けにして冷凍にしておきますと、食べたい時に出して少ししょう油ででも煮れば食べられます。

食べなければいけないと考えるより、いかに楽していろいろ食べるかを、遊び感覚でやっていくこと、実はそれが本当は老化予防に役立つんです。

167 カルシウムのとり方　口から入れりゃいいってもんじゃない

最近ちまたでよく話題になってる病気で骨粗鬆症《こつそしょうしょう》というのがあります。簡単に言っちゃうと、体内のカルシウムが不足してくると骨の中のカルシウムが、引っぱり出されるため、骨が弱くなっちゃうってことです。人間の体にとってカルシウムはとても大切なものでして、常に補給しなけりゃならんのです。

そして骨はカルシウムの銀行と呼ばれていて、体内にカルシウム不足が生じると、あわててカルシウムを骨から出します。ですから骨に含まれるカルシウムを測定することで体内にカルシウム不足が生じてるかどうかがわかっちゃうんです。この測定が割と簡単にできるようになったのは近年のことでして、それからなんです。骨粗鬆症がとりざたされるようになったのは。

年をとれば人間は老化して骨ももろくなりますが、今では10代、20代でも骨粗鬆症寸前くらいの人がいます。それで、お年寄りはもちろんのこと、若い人たちにまでカルシウムをもっととれ、もっととれと国をあげて騒いでいるわけですが、牛乳や小魚、チーズなど、カルシウムをたくさん含むものを食べさえすればいいのでしょうか？またカルシウム入りのドリンクや薬みたいなものをゴックンと飲み込めば本当に安心でしょうか？

カルシウムは体の中に入ると、食品に含まれるリンと化合して体外に排泄されることも多いのです。ですからリンを含む食品をたくさん食べてると、いくらカルシウムをとってもカルシウム不足を引き起こしちゃうんです。

だから今求められる食品は、**カルシウムを多く含むと同時に、リンをあまり含まないもの**ということになります。

そういう見方でとらえると、カルシウムの多いのは、**干したひじき、つるむらさき、かぶ、小松菜、生わかめ、切り干し大根など**です。反対に、リンがカルシウムに比べて圧倒的に多いのが、肉類全般です。

今の時代、保存料や添加物として加工食品にはリンが大量に使われています。体内のカルシウム、骨のカルシウムを減らさないためにはリンをとりすぎないことも重要なポイントだったんです。

168　コレステロール　ある程度は必要

今の世の中、何が悪いって、ウソつきとコレステロールほど、悪者扱いされてるものはありません。

ウソつきは確かにイカンです。お役所にしろ、マスコミにしろ、ウソついとるくせにしらを切っとるなんてとんでもない話です。こういうウソつきは本当に悪者ですから、近いうちに正義の味方によって成敗されましょうが、コレステロールに関しては、あんまり悪者呼ばわりしとると、とんでもないしっぺ返しがくることもあります。

コレステロールにはＬＤＬとＨＤＬとがありますが、ＬＤＬが増えると、心筋梗塞や脳梗塞の危険性が高くなるのは皆さんご存じのことだと思います。

しかし、それだけでコレステロールをすべて拒否しちゃうと大変です。そもそも人間にとって何か必要性があるから体の中にコレステロールがあるわけです。男女とも、性的なホルモンはコレステロールから作られますから、コレステロールがあまり低いと活力がわかないとか、性的能力が低下するとか、生理の不順、母乳の出ぐあいが悪くなる。こういったことを引き起こす場合があります。

また体の抵抗力とか免疫力を保つにもコレステロールは必要です。

世界各国で行われたコレステロール値の高さと健康に関するデータから少し拾い出してみました。そしてとても興味深いのがコレステロールと精神的な、つまり心の関係なんです。アメリカでの調査結果ですが、コレステロール値の高い人は責任感があって社交的、そして自制心がある。反対に低い人は、くよくよしがちで社交的でなく、感情的になりやすい、というものです。

また、フィンランドの少年院での調査ですが、破壊的、攻撃的な少年たちのコレステロール値は、低かったそうです。

血液の流れを悪くするという一面だけでコレステロールを悪者と決めつけず、そのいい面をとり入れましょ。

そのためにはお肉にしてもステーキや焼き肉みたいに肉だけをドカーンと食べるんじゃなく、野菜炒めや肉じゃがなどでバランスよく、ほどほどにコレステロールをとるってことが大切だと思います。

169　買物減らし

あるもの使って自由自在に

料理をまったくしたことのない人が料理を始める時って、決まって材料をすべてきちーんとそろえてからやるものです。なにせ経験がないもんだから、レシピどおりにやんないと絶対に完成しないと思ってんでしょう。

自分で無線機を組み立てるわけじゃないんだから、多少足んなくてもよさそうなものですが、初めての人には不安なのかもしれません。しかし、そもそも人類が何かを食べる時って、その日、その時にある材料を工夫して食べてたんじゃないでしょうか？　狩りに出てシカがとれたから焼き肉とか、今年は米が不作だったから、麦とかそばとかだったはずです。今の時代にそんな大昔のことをと言われそうですが、今の人は、まず何を作るのか料理名を決めて、その料理を作るのにどういう材料が必要かを調べ、それをすべてそろえてから作ろうとしているように思えます。だからこそ買い物が増え、余りものが出て、出費がかさむんじゃないでしょうか？

すき焼きの時にしらたきがない→だったらはるさめでやっちゃおうか？

大根をきらしちゃった→かぶでやっちゃえ。

ゼリー作るのにゼラチンがない→寒天でどうにかならんか？

お刺身なのにわさびがない→練り辛子やおろししょうがでもいいじゃん。

こんなところに新しい発見があって、自分のオリジナル料理も生まれてくるんだと思います。

刺身を食べたい。肉じゃがを食べたい。おでんを食べたい。そう思って材料を買いに行くわけですが、使う材料にこれといった決まりはないはずです。手元にあるもの、身近な材料をもっと自分流に応用すれば、買い物なんてうんと少なくてすみます。肉じゃがにかたい車麩を入れてみてください。麩に肉の味がしみて旨いし、歯の悪いお年寄りにもＯＫ、小麦粉にちりめんじゃことごまを混ぜ、水でかたく練ったのをおでん鍋にポッチャンポッチャン落としてみてください。けっこう旨いおでん種になります。

料理の名前やレシピなんて、あくまでも参考資料です。もっと自由に料理してみませんか？

170 食養生のススメ　三里四方を食べるって？

昔の食養生の先生方が、三里四方のものを食べていれば病気にならないってなことをおっしゃっております。三里ってえと、だいたい12㎞ってことですから、こりゃかなり狭い地域ってことですね。農村、漁村なら三里四方内でいろいろな食べ物がとれるでしょうが、都会ではそうもまいりません。

私の住む東京の港区なんて、三里どころか十里、足を延ばしてもなあんもとれません。そこにあるのはスーパーマーケットばっかりで、スーパーの品物って何十里、何百里、いや、地球の裏側から来たものだってあるくらいです。

今の日本人にとって三里四方でとれたものを食べるってことは、自分の生活する環境（気候や風土）にできるだけ近いところでできたものを食べるっていう意味じゃないかと思います。

日本の野菜はヨーロッパの野菜よりカルシウムが少ないといわれています。だからといってヨーロッパから輸入した野菜を食べるのではなく、日本でできた野菜を食べ、日本近海でとれる海藻や小魚でカルシウムを補うってえのが、健全な食生活ではないでしょうか?

食養生を語る人で、日本に古来からあった食べ物以外はよくないって言う方もいますが、日本で今食べてる野菜なんて大半は外国から入ってきたものです。それを日本で栽培していくうちに、日本の気候に合った野菜に変化してきたものなのです。輸入した野菜は土地に根づいてはいませんが、輸入後、日本でずっと栽培されれば、それは日本型の土地に根づいた野菜です。

三里四方を食べるというのは、土地に根づいたものを食べるという意味ではないでしょうか?

アラスカやカナダのイヌイットと呼ばれる人たちは、アザラシやセイウチ、カリブーなど動物の肉や内臓、そして胃の中のコケなどを食べて、ビタミンを補っているのです。グルメのなんのと浮かれて、世界中の食物をかき集めて食べているどこかの国の人、もっと身近なものを食べましょ。

後書き　体にいいって、なんだろう？

どんな精密機械より、ずっとデリケートなのがヒトの体です。「体にいい」とか「○○が効く」とか言っても人によって異なりますから、食養生も１００人いれば１００通りの養生法がある。レース用の車でも燃料なしでは動きません。また燃料を入れてもオイルがなかったり普段の整備が悪いと故障してしまう。ヒトの体も同じで、食べ物（燃料）をとらなかったり、普段から体を動かしていないと動かなくなったり壊れてしまいます。そんな不安があるからヒトは「体にいい」ものに飛びつき、「○○が不足気味」と言われると病気でもないのに摂取しようとする。私等の周りはそんな宣伝文句だらけでありまして、人々は「体にいい」を手あたり次第とり込もうとしているように見えます。うがった見方かもしれませんが、心身の健康を目指す食養生ではなく、食養生を看板に掲げた「食商生」に煽られてはいないでしょうか？

Aさんは○○をよく食べているから長寿なんだ……コレ、よく耳にしますが、「○○を食べる」ことと、「長生きできた」ことの因果関係は一部分でしょ？　Aさんが

○○を食べていなかったら……もしかしたらもっと長生きしていたかもしれないし、早死にしていたかもしれない。なのに昨今では「○○を食べることが長寿の秘訣」であり、「○○を食べれば長寿できる」ような宣伝文句が氾濫《はんらん》しているみたい。

1980年頃、「豚肉と昆布をたくさん食べるから沖縄には長寿者が多い」という食生活指導者がたくさんいたが、現地で100歳老人たちを取材してみると、日常的に食べていた人はいなかった。一人当たりの豚肉、昆布の消費量が日本一である……というデータと、長寿者が多いというデータを勝手に＝《イコール》でつないだだけでした。食べ物と寿命との因果関係はないわけじゃないが、すべてでもない。それを「すべて」であるかのように煽っているのが今日の食情報でしょう。

えさを獲る必要がなくなった動物園のライオンは自活できなくなり、給餌の時間を待って食べるだけの家畜化された「百獣の王」となる。一日三度の食事を他人に任せる（外食などの非自炊）人間も、同様に家畜化されていく。完全無欠の栄養食というものが仮にあったとして、それを体内にとり入れていれば「健康管理は万全さっ！」とでも思ってるんでしょうか、今の日本人は？「何をどうやってどう食べるのか」を考えもせず、えさを探すことも調理することもしないから「楽でいいよネ」で、ただ口から味付きの栄養分をとり入れるなら、そりゃ「点滴」受けるのと同じでしょ。体を動かすこともなく、献立を考えることもせず、横になって点滴受けてりゃいいなら、そりゃ「楽」だわ。そんな生活してたら、あっという間に体の機能も脳の機能も衰え、立ち上がることも考えることもできなくなるまで、そんなに時間は必要としないでしょ。な〜んにもしなくていいんだもん、いや、できなくなるんだもん、ある意味「楽」だわ。ベッドに寝たまま、手足を動かすこともなく、鼻や胃にチューブを差し込んで栄養をとり入れるから「噛む」必要もないし、排便も入浴も介護の機械やヒトがやってくれるから「楽」ですよ。ホントにそんな楽を望んでるんでしたら……ネ。

健康長寿のための食養生とは「何を食べればいいのか？」ではなく、「どんな食生活習慣を続けていくか？」が重要なんです。他人任せにせず自身の食生活を自分で賄う生活習慣を継続してゆくための食べる技術を、この本で１７０項目並べてみました。やってみれば食が変わり、体も変わる。わかっているのにやらないのを生活習慣病と呼ぶのかもしれません。必ず健康でいられる保証なんてない。しかし病気になるリスクを減らせる食養生はあるんです。

本書は1997年4月に小社より刊行された単行本を一部改稿のうえ、
編集・文庫化したものです。

ひと月9000円の快適食生活【文庫版】

2015年12月7日　第1刷発行
2019年2月21日　第10刷発行

著　者　魚柄仁之助

発行者　土井尚道

発行所　株式会社飛鳥新社
〒101-0003 東京都千代田区一ツ橋2-4-3 光文恒産ビル
電話　03-3263-7770（営業）03-3263-7773（編集）
http://www.asukashinsha.co.jp

装　幀　五味朋代（フレーズ）
カバーイラスト　松屋真由子
本文イラスト　小島 吉

印刷・製本　中央精版印刷株式会社

ISBN 978-4-86410-446-3

編集担当　工藤博海